Das Gute so nah

Unser Kochbuch für das ganze Jahr

Ewa & Nikitas
Petrakis

Das Gute so nah

Unser Kochbuch für das ganze Jahr

molino

CAPACITY
20 kg
100 g
CAMRY
CAMRY

INHALT

us heimischem Anbau
Spinat
1.50
1Kg

Wir, das Buch und seine Geschichte

Hier erfahrt ihr nicht nur, wer wir sind, sondern auch, wie dieses Buch entstanden ist. Wir wollen euch von unserer Haltung, unseren Emotionen und unserer Begeisterung erzählen und euch viele Tipps für eine gesunde, regionale und saisonale Küche geben. Unsere Rezepte sollen nicht nur schmecken, sondern euch Freude bereiten und euch in Erinnerung bleiben.

»Beim Kochen geht es immer um Freude, Liebe, Geselligkeit und nicht zuletzt um gute Rohstoffe. Auch die einfachsten Zutaten können uns wahre Glücksmomente bescheren.«

Wer wir sind

Hallo! Wir sind Ewa und Nikitas.
Uns verbindet die Liebe zum Reisen, zur Kunst, zur Literatur und – ausschlaggebend für dieses Buch – ***zum Kochen und Essen.***

Bereits im Kindesalter wurden Liebe und Zuneigung in unseren Familien – völlig unabhängig voneinander und lange, bevor wir uns überhaupt kannten – überwiegend durch die Mahlzeiten transportiert. Die Mahlzeiten mussten gut und vielfältig sein. Von allem musste reichlich etwas auf den Tisch kommen, was auch heute noch so ist, wenn wir unsere polnischen und griechischen Familien besuchen. Manche Dinge ändern sich eben nicht. Zum Glück. Und so genießt das gemeinsame Essen nach wie vor auch bei uns zuhause einen sehr hohen Stellenwert.

Zurück im schwäbischen Tübingen versuchen wir stets, dieses Lebensgefühl in unseren Alltag zu integrieren und weiter zu kultivieren. Die Speisen, die auf unseren Tisch kommen, müssen vielfältig und reichhaltig sein. Die Portionen sind allerdings nicht so groß wie zuhause in Polen oder Griechenland. Das, was bei uns auf den Teller kommt, reicht aber gänzlich aus und ist ***qualitativ hochwertig*** und zudem ***ernährungsphysiologisch wertvoll.***

Beruflich verbringen wir unsere Zeit hauptsächlich am Schreibtisch und am PC, weswegen uns ein gesunder Lebensstil mit ausreichend Bewegung, bewusster Ernährung und geistiger Balance enorm wichtig ist.

Als Kommunikationsdesignerin arbeitet Ewa seit vielen Jahren bei der Osianderschen Buchhandlung im Marketing. Neben der Grafik und Gestaltung verschiedener Medien organisiert sie auch Lesungen, wobei sie die Zusammenarbeit mit den Verlagen und den Autoren als angenehme Abwechslung empfindet. Privat hat sie ebenso eine große Leidenschaft für Bücher.

Nikitas studierte nicht nur Wirtschaftswissenschaften, sondern war nach verschiedenen betriebswirtschaftlichen Stationen auch bereits in der Gastronomie, im Lebensmittelhandel und als Landschaftsgärtner tätig. Seit längerer Zeit ist er bei der Landesmesse Stuttgart angestellt und organisiert dort einmal im Jahr die ***Slow Food Messe,*** an der bis zu 500 Lebensmittelhandwerker, Produzenten und Kleinerzeuger nicht nur aus Baden-Württemberg, sondern auch aus anderen deutschen Bundesländern und europäischen Staaten teilnehmen. Die Arbeit für und mit Menschen, die sich tagtäglich für ein zukunftsfähiges Lebensmittelsystem einsetzen, ist sehr inspirierend für ihn.

Wir betrachten unser ***Ernährungs- und Gesundheitsbewusstsein*** seit vielen Jahren ganzheitlich, sind experimentierfreudig, probieren immer wieder Neues aus und testen verschiedene Ernährungsweisen, neue Diäten und Fastenkuren am eigenen Leib. Die Erfahrungen, die wir hierbei sammeln, wollen wir gerne weitergeben.

Kochen ist für uns ***Leidenschaft und Meditation*** zugleich – von der Auswahl des Gerichts über die bewusste Auswahl der Zutaten und deren Zubereitung über das Abschmecken und jedem Prozess seine Zeit lassen bis hin zum Anrichten und Genießen. Geteilt mit Freunden oder der Familie schmeckt es uns am besten.

»Kochen ist für uns Leidenschaft und Meditation zugleich.«

Kräuterseitlinge
100g
2-

Über dieses Buch oder wie wir die Jahreszeiten kulinarisch zu schätzen lernten

Es war an einem kühleren Herbstwochenende Mitte Oktober, als uns das erste Mal beim Einkaufen bewusst auffiel, dass nur wenig Obst und Gemüse tatsächlich aus der Region stammt, geschweige denn überhaupt aus Deutschland kommt. Jeder von uns hat irgendwann mal gelernt, dass in unserer Klimazone weder Tomaten noch Erdbeeren im Winter wachsen. Beim Einkaufen sieht die Realität jedoch anders aus, denn viele saisonale Obst- und Gemüsesorten sind im Supermarkt 365 Tage im Jahr erhältlich. Obst und Gemüse erscheint dort stets saftig, knackig und auf Hochglanz poliert, um den Verbraucher zum Kauf zu animieren. Tatsächlich hat diese Ware jedoch meistens einen weiten Weg hinter sich, wurde im Gewächshaus angebaut und unter künstlichem Licht großgezogen oder zu früh geerntet und mit Reifegasen behandelt.

Aufgrund verschiedener Debatten in Bezug auf ***Umweltschutz, Nachhaltigkeit, Tierwohl, Landwirtschaft und Ernährungssysteme der Zukunft*** stellten wir uns an diesem Tag die Frage, ob und wie es möglich ist, sich ausschließlich regional oder gar lokal und vor allem auch saisonal zu ernähren. Welches Obst und Gemüse gibt es zu welcher Jahreszeit hier bei uns? Welche natürlichen Methoden stehen uns zur Verfügung, um Nahrungsmittel zu konservieren und länger haltbar oder lagerfähig zu machen, um somit jederzeit die größtmögliche Vielfalt an Speisen und Nährstoffen auf unserem Speiseplan zu gewährleisten? Schnell war klar, dass wir das einfach ausprobieren mussten! Und so war die Idee für dieses Buch und unsere ganz persönliche Herausforderung geboren. Ein Jahr lang wollten wir lediglich kochen, zubereiten und essen, was unsere Region und die Natur um uns herum zu den entsprechenden Jahreszeiten hergeben. Mit dem kommenden Frühling sollte unser Selbstversuch beginnen! So weit so gut.

Diese Entscheidung erforderte anfangs etwas Vorbereitung, Recherche sowie das Durchsuchen und Wiederauflebenlassen von altem Wissen. Ferner wollten wir von Beginn an definieren, wie streng und konsequent wir hierbei sein wollten.

Wo mussten wir Abstriche machen? Was war realistisch? Wie wollten wir den Begriff Regionalität definieren? Wir nahmen uns vor, den Fokus hauptsächlich auf Obst und Gemüse zu legen. Es sollte speziell um die Frage gehen: »Was wächst hier bei uns wann auf dem Acker?« Im Klartext bedeutete dies, dass es von Oktober bis Mai weder Tomaten noch Gurken im Salat geben sollte. Uff! Das bereitete uns zu diesem Zeitpunkt große Sorgen, weil wir uns kein halbes Jahr ohne frische, knackige Gurken vorstellen konnten. Unseren Erdbeerkonsum auf Mai bis Juli zu begrenzen, sollte wiederum kein Problem darstellen. Andere Pflanzen und Früchte wie Kaffee, Kakaobohnen, Reis, und Pfeffer kommen hingegen weder in Deutschland noch in unserer Klimazone vor. Auf einige davon konnten und wollten wir aber einfach nicht verzichten. Streng regional wollten wir hingegen bei Erzeugnissen wie Fleisch, Fisch, Getreide und Hülsenfrüchten sein.

Als »regionales Gebiet« legten wir einen Umkreis von etwa 50 Kilometern fest, womit es sehr realistisch war, dass wir eine Vielfalt an Obst und Gemüse, bei Bedarf Fleisch, öfter mal eine Forelle und verschiedene Getreidesorten und Feldfrüchte wie Albdinkel, Albweizen und Alblinsen in unseren Speiseplan integrieren konnten. Dennoch schien es uns ebenso vollkommen akzeptabel, wenn sich auch ab und an Obst und Gemüse vom nahegelegenen Bodensee in unserem Einkaufskorb wiederfinden sollte.

Aufgrund unserer Herkünfte legten wir den Begriff der Heimat etwas großzügiger aus und schlossen in unsere Definition von ***Regionalität und Saisonalität*** auch Griechenland und Polen mit ein. Somit griffen wir dann vor Ort ebenfalls nur auf regionale und saisonale Produkte zurück und deckten uns auch mit gewissen ***Lebensmitteln aus eigenem Anbau*** ein, indem wir diese – teilweise haltbar gemacht – mit nach Tübingen brachten.

Aus Griechenland versorgten wir uns mit frischen Zitronen und Orangen, Kaki und Granatäpfeln von eigenen Bäumen. Zusätzlich sammelten und trockneten wir unsere Feigen sowie wilde hocharomatische Kräuter und Gewürze wie Oregano, Salbei, Thymian, Kamille oder Lorbeer. Die Krönung war das eigene Olivenöl sowie die eingelegten Oliven.

Aus Polen brachten wir hauptsächlich Obst und Gemüse aus dem Nutzgarten von Ewas Familie mit. Als Mitbringsel gab es außerdem getrocknete Steinpilze, weitere eingelegte Pilzsorten, einen großen Sack Walnüsse, viele Gläser mit Sauren Gurken, Gewürzgurken, eingelegte Rote Bete, Zucchini, Paprika, grüne Tomaten oder Zucchini-Karottensalat. Verschiedene Beeren und Früchte wurden sowohl in Deutschland als auch in Polen oder Griechenland zu Konfitüre verarbeitet. Unsere Vorratskammer war somit prall gefüllt und unsere Vorfreude geweckt.

Wir schätzen uns natürlich sehr glücklich, dass wir die Möglichkeit haben, diverses Obst und Gemüse, frisch oder eingemacht, von unseren Familien zu beziehen. Vor allem für frische Waren aus der Region ist und bleibt jedoch unser Wochenmarkt oder ein gut sortierter, kleinerer Bioladen eine gute Alternative hierfür.

Für exotische Früchte gibt es mittlerweile viele Kooperativen, Organisationen oder Unternehmen, die die Bauern in den verschiedenen Herkunftsländern beim Direktvertrieb unterstützen und dadurch die Anzahl der Zwischenhändler beim Vertrieb in Deutschland minimieren. Diese

fördern wir gerne, indem wir online und nur dann, wenn vorhanden (z.B. von Dezember bis April), bestimmte Südfrüchte aus Portugal, Spanien, Italien oder Griechenland bestellen.

Heutzutage gibt es viele Möglichkeiten, Produkte direkt vom Erzeuger zu beziehen. Auf verschiedenen Lebensmittelmessen und -märkten kann man oft direkt mit den Produzenten in Kontakt treten. Seid hierbei aufmerksam, informiert euch und tauscht euch aus!

Da es in diesem Buch hauptsächlich darum geht, wie wir uns kulinarisch regional von Saison zu Saison hangeln, haben wir uns gegen eine klassische Einteilung in die verschiedenen Speisearten oder Gänge entschieden. Unsere Gliederung richtet sich nach den Jahreszeiten, beginnend mit dem Frühling. Zu jeder Saison findet ihr am Anfang des Kapitels eine Aufzählung der Früchte, Obst- und Gemüsesorten, die es zu dieser Jahreszeit in unseren Breitengraden gibt: auf dem Freiland, im Gewächshaus oder gelagert.

Diese Vorgehensweise war uns eine wichtige Stütze bei der täglichen Suche nach Gerichten für unseren Selbstversuch. Für unser Kochbuch haben wir dann für jede Jahreszeit mindestens eine Vorspeise, einen Salat, wenn möglich auch ein Fischgericht, ein Fleischgericht, mindestens ein vegetarisches oder veganes Hauptgericht sowie eine Suppe oder einen Eintopf bei den Rezepten berücksichtigt. Wichtig ist noch zu erwähnen, dass die eine Jahreszeit nicht abrupt an einem Tag endet, um in die nächste überzugehen. Im Gegenteil. Der Jahreszeitenwechsel stellt einen harmonischen und friedlichen Übergang im Fluss der Zeit dar.

Zurückblickend war dieser Selbstversuch eine spannende Herausforderung, bei der wir viel Neues gelernt haben: über uns, unsere

»Regionale Vielfalt.
Das Gute liegt oft so nah!«

Nachbarn, die Landwirtschaft unserer Region, das vorherrschende Lebensmittelsystem, die Produkte und die Natur. Durch unsere eigenen Erfahrungen, aber auch in vielen Gesprächen mit Produzenten und Erzeugern, wurde uns noch einmal klar, wie aufwendig und mühselig es ist, bis die eigene Saat Früchte trägt – abhängig vom Wetter, von der Bodenbeschaffenheit, möglichen Schädlingen und anderen Launen der Natur.

Neben vielen Mühen und verzweifelten Gelüsten aufgrund der langjährigen Gewohnheiten, sind auch viel Wissen und Gelerntes sowie Leidenschaft und Liebe in dieses Werk geflossen. An dieser Stelle angelangt, habt ihr unser Buch kürzlich aufgeschlagen und die ersten Zeilen gelesen. Es spielt keine Rolle, ob ihr es bewusst gekauft, es euch gewünscht oder es einfach nur ungefragt geschenkt bekommen habt.

Wir wünschen euch in jedem Fall viel Spaß, Inspiration und Freude damit! Als Dankeschön erwarten euch die Freude beim Nachkochen, der Geschmack der zubereiteten Speisen, die unvergesslichen Momente der Gastlichkeit sowie eure schönsten Erinnerungen.

Inspirationen und Einflüsse

Dieses Buch vereint für uns ***das Beste von allem und jedem.*** Es soll euch nicht von einer bestimmten Ernährungsweise überzeugen oder euch vorschreiben, was ihr essen sollt. Und nein, wir möchten euch auch nicht vorbeten, was gesund und was weniger gesund ist. Jeder Mensch, jeder Körper ist individuell und verschieden. Was dem einen

»Seid aufmerksam, bewusst und stets experimentierfreudig!«

guttut, kann dem anderen schaden. Während der letzten zehn Jahre haben wir für uns selber herausgefunden, was uns schmeckt und was uns gut bekommt. Durch aufmerksames Beobachten und Verstehen der Reaktionen unseres Körpers, sowohl allein als auch unter ärztlicher Aufsicht, mit ausreichend Untersuchungen, Diagnosen und Blutergebnissen, haben wir schließlich die für uns optimale Ernährungsweise sowie richtige Einstellung zum Essen gefunden. Die Erfahrungen hieraus lassen wir teilweise in dieses Buch einfließen. Nichtsdestotrotz geht es immer um Freude, Liebe, Geselligkeit und nicht zuletzt um gute Rohstoffe. Und vergesst nicht: Auch die einfachsten Zutaten können uns wahre Glücksmomente bescheren.

Dieses Buch vereint einfach alles, was wir mögen und schätzen. Natürlich haben ***unsere Herkünfte einen Einfluss bei der Auswahl der Rezepte*** gespielt. Ewa ist gebürtige Polin und lebt seit fast zwei Jahrzehnten in Deutschland. Nikitas ist in Deutschland geboren und aufgewachsen, mit griechisch-serbischem Elternhaus. Manche Gerichte sind daher traditionell und länderspezifisch. Im Großen und Ganzen ist es jedoch ein buntes Allerlei unserer Wurzeln, Vorlieben und Überzeugungen. Schön in Szene gesetzt, erfreut das Ergebnis nicht nur den Gaumen, sondern auch die Augen und das Herz.

Was uns wichtig ist

Gründe und Intentionen für dieses Buch gibt es viele. Der Hauptgrund ist jedoch ein relativ simpler: Wir lieben gutes Essen! Neben den herrlichen Gerüchen bei der Zubereitung sowie der Geschmacksvielfalt der Lebensmittel und nicht zuletzt dem puren, unverfälschten Aroma eines Produktes auf dem Gaumen, ist es immer die ganze Prozedur, welche uns wichtig ist: von der Auswahl der richtigen Lebensmittel, über die Zubereitung der

einzelnen Gerichte, Speisen und Gänge, dem liebevollen Eindecken des Tisches bis zum schönen Anrichten und Servieren der entsprechenden Mahlzeit.

So legen wir großen Wert darauf, wo und wann immer es möglich ist, zu wissen, ***wo die Zutaten, Produkte und Lebensmittel herkommen und wer sie angebaut oder hergestellt hat.*** Bio ist kein Muss, aber wenn möglich, gerne willkommen. Durch die ökologische Produktionsweise gehen Bioproduzenten nämlich oftmals einen großen Schritt weiter als der Großteil der konventionellen Erzeuger in Bezug auf Düngung, Pestizideinsatz, Tierhaltung und Tierwohl, Saatgut sowie Verarbeitung.

Fast immer lohnt sich der Blick auf regionale oder auch lokale Erzeuger, um den Produzenten seines Vertrauens zu finden. Diesen zu unterstützen, ist uns stets ein Anliegen. Unsere erste Wahl ist immer der Wochenmarkt, unabhängig davon, ob es sich beim Einkauf um Obst, Gemüse, Küchenkräuter, Fleisch oder Fisch handelt. Wann immer es geht, sollte es frisch, regional und saisonal sein.

Da unser Leben immer schnelllebiger und geschäftiger wird, ist es unseres Erachtens umso wichtiger, dass wir uns bewusst mehr Zeit nehmen – Mehr Zeit für uns und unsere seelische, psychische sowie körperliche Gesundheit und somit eingeschlossen unsere täglichen Mahlzeiten und deren Zubereitung.

Wenn man anfangs auch nur eine Mahlzeit am Tag bewusst selbst zubereitet und zu sich nimmt und diese Zeremonie in den Alltag einfließen lässt, ist dies bereits ein enormer Zugewinn an Lebensqualität. Und sind wir doch mal ehrlich ... Die Zeit zum Kochen können wir uns alle nehmen. Wie viele Stunden verbringen die meisten von uns täglich am Handy, vor dem Fernseher oder beim Surfen im Internet und in den sozialen Medien? ***Nehmt euch bewusst*** beim Frühstück, Mittag-

und Abendessen ***Zeit,*** genießt allein, zu zweit oder in geselliger Runde, ohne Ablenkung, aber dafür ***mit mehr Achtsamkeit.***

Und schließlich gilt: Das Auge isst mit! Deshalb macht es uns großen Spaß, die hübsch angerichteten Mahlzeiten auf einem ebenso schön gedeckten Tisch zu servieren – gerade auch, wenn wir keine Gäste haben und nur für uns sind.

Essen und Gesundheit

Dieses Kapitel liegt uns besonders am Herzen, weil, unserer Meinung nach, die seelische, psychische und körperliche Gesundheit ganz essenziell für ein glückliches Leben sind. Diese drei Bereiche der menschlichen Gesundheit sind eng miteinander verknüpft, greifen ineinander über und bedingen sich sogar. Neben ausreichend Schlaf, genügend Ruhe, Meditation, Achtsamkeit und körperlicher Bewegung gehört eine ausgewogene und gesunde Ernährung zu den wichtigen Säulen unserer Gesundheit und bildet somit die Basis für unsere Glückseligkeit.

Essen ist also viel mehr als nur reine Nahrungsaufnahme. Wir sollten Lebensmittel endlich wieder als Mittel zum Leben begreifen. Heutzutage scheint es immer öfter an Zeit zu mangeln, weswegen Schnellrestaurants, Drive-in-Schalter, Essen to go, Lieferdienste, Fertiggerichte sowie Kantinen- und Mensaessen unlängst in unser Leben und somit auf unseren Speiseplan geraten sind. Die hierfür angesetzten Kampf-

»Nichts heilt den Körper so sehr wie die Tatsache, ihm mal eine Pause vom Verdauen und Verstoffwechseln zu gönnen.«

preise, erforderlichen Mengen und die kaum zur Verfügung stehende Zeit machen es einfach unmöglich, qualitativ hochwertige und nahrhafte Lebensmittel sowie Zutaten zu verwenden.

Als Folge davon landen Geschmacksverstärker, ungesunde Fette, Zucker, Zuckerersatzstoffe, Aromastoffe (die rein gar nichts mit der namensgebenden Frucht gemeinsam haben), chemisch oder physikalisch hergestellte Zusatz- und Hilfsstoffe, Farbstoffe, Verdickungsmittel, Konservierungsstoffe und Stoffe für eine verlängerte Haltbarkeit und vieles mehr unwissentlich und ohne hinterfragt zu werden auf unsere Teller. Wie bereits gesagt: Wir möchten euch keinesfalls von einer bestimmten Lebens- oder Ernährungsweise überzeugen. Wir möchten lediglich euer Bewusstsein dafür wecken und schärfen, ***mehr darauf zu achten, was ihr zu euch nehmt.***

Ein erster Schritt zu einer ausgewogenen Ernährung besteht darin, selbst zu kochen und Speisen selbst zuzubereiten. Man sollte es vermeiden, Fertiggerichte aufzuwärmen, sondern mit den reinen Rohstoffen arbeiten. Vorgefertigte Zutaten sollten nicht mehr als fünf Inhaltsstoffe reinen Ursprungs haben, keine bis wenige Zusatzstoffe besitzen und, wenn möglich, keine E-Stoffe aufweisen.

Verwendet viel weniger Zucker und Salz. Esst viel unterschiedliches, vor allem frisches Gemüse und Obst. Es ist erwiesen, dass eine vegetarisch/vegane Lebensweise die gesündere Alternative ist. In einigen Studien wurde belegt, dass zu viel tierisches Protein der Gesundheit schadet und in Kombination mit anderen Faktoren wie Stress, Übergewicht und mangelnder Bewegung Hauptursache für die meisten unserer heutigen Zivilisationskrankheiten sein kann.

Da wir jedoch in keinem Lebensbereich zu extrem oder dogmatisch handeln, halten wir es eher mit Paracelsus und finden, dass die Dosis das Gift macht. In unserem Fall bedeutet das, dass wir maximal ein bis zweimal im Monat Fleisch essen. Dafür möchten wir wissen, wo das Tier herkommt und wie es gelebt hat. Mit der Nahrung führen wir unserem Körper Energie zu, die nach der Verstoffwechslung unseren Zellen zur Verfügung steht. Somit ist Essen Energie. Tiere aus Massentierhaltung, ohne Auslauf, mit einseitiger Ernährung und medikamentöser Behandlung, fristen meist ein qualvolles Dasein, und weisen in ihrem kurzen, schmutzigen und angsterfüllten Leben sehr viele Stresshormone auf. Das kann nur schlechte Energie erzeugen.

So gibt es also ***Dinge, die man weniger oder selten essen sollte.*** Dazu gehören Zucker, bestimmte Kohlenhydrate und tierische Produkte. Wenn man diese in Maßen zu sich nimmt, sollten sie qualitativ hochwertig sein, wie z.B. Bio-Fleisch vom Metzger/Bauern seines Vertrauens, Frischmilch und handwerklich hergestellter Käse sowie Rohrohrzucker und Vollkornprodukte. Zu den Dingen, von denen man dafür viel mehr zu sich nehmen sollte, zählen wir ***gesunde Öle,*** wie Olivenöl, Raps-, Kürbiskern- und Leinöl sowie ***gesunde Fette,*** die z.B. in Nüssen und Avocados (wissend um den ökologischen Fußabdruck) vorkommen. Es darf also in jedem Fall ***viel mehr Gemüse und Obst*** sein.

Je farbenfroher, abwechslungsreicher und vielfältiger ihr euer Essen gestaltet, desto gesünder ist es. Achtet darauf, dass ihr viele frische Kräuter und Gewürze verwendet. Viele Krankheiten sind auf Entzündungen im Körper zurückzuführen. Es ist bewiesen, dass bestimmte Gewürze/Pflanzen und Ihre Inhaltsstoffe, wie z.B. Kurkuma, Ingwer, Knoblauch, Bärlauch, Meerrettich, Chili, Pfeffer, Zimt, Senfsaat u.v.m. entzündungshemmend wirken. Die Polyphenole, die in sehr guten extra nativen Olivenölen sowie in allen roten Beeren und Früchten vorkommen, schützen die Zellen nachweislich vor oxydativem Stress. Somit ist sogar das ein oder andere ***kleine Gläschen Rotwein auch vollkommen in Ordnung.***

Zusätzlich zu den bevorzugt frischen Produkten hilft uns die alte Kunst der Fermentation, welche zurzeit eine Renaissance erlebt, eingelegtes Gemüse länger haltbar zu machen und versorgt uns so auch im Winter mit vielen Nährstoffen und Vitaminen. Außerdem bleiben viele gesunde Inhaltsstoffe eher beim Dämpfen, Dünsten, Kochen und Garen erhalten als beim Braten und Grillen.

Ebenso wichtig wie gutes Essen ist das Trinken. Trinkt daher viel Wasser, ergänzt durch nicht aromatisierte Kräutertees (möglichst frisch oder getrocknet als lose Kräuter und nicht im Beutel). Wenn ihr Säfte mögt, dann bevorzugt ***Direktsäfte aus qualitativ hochwertigem Obst.*** Oft lohnt sich auch die Investition in einen Entsafter, der Obst und Gemüse schonend presst oder extrahiert. Verzichtet völlig auf zuckerhaltige und aromatisierte Limonaden. Genießt den Kaffee seltener, dafür schwarz oder mit nur wenig Milch und Rohrohrzucker.

Abschließend möchten wir noch erwähnen, dass wir mit ***Heilfasten*** ganz wunderbare Erfahrungen gemacht haben. Nichts heilt den Körper so sehr wie die Tatsache, ihm eine Pause vom Verdauen und Verstoffwechseln zu gönnen. Lasst euch beim ersten Mal von jemandem begleiten, der Erfahrung darin hat oder bucht eine geführte Fastenkur, die heilsam ist für Körper, Geist und Seele. Zusätzlich könnt ihr ebenso das Intervallfasten in euren Alltag einbauen. Intervallfasten oder auch intermittierendes Fasten genannt, bedeutet, dass ihr über einen gewissen Zeitraum keine Nahrung zu euch nehmt.

Es gibt hierbei verschiedene Methoden: Der Zeitraum des Nahrungsverzichts kann zwischen 12 und 16 Stunden andauern. In der übrigen Zeit dürft ihr wie gewohnt essen, solltet dabei aber auch auf eine ausgewogene Ernährung achten. Ihr könntet um 10 Uhr morgens frühstücken und die letzte Mahlzeit des Tages um 18 Uhr einnehmen. Wahlweise könnt ihr die Zeiten verschieben und entweder das Frühstück oder das Abendessen ausfallen lassen. Da wir das Frühstück als eine wichtige Mahlzeit betrachten, verzichten wir lieber auf das Abendessen und nehmen dafür erst nachmittags das Mittagessen zu uns. Ganz egal, welche Variante ihr bevorzugt, das Intervallfasten entfaltet bereits dann seine positiven Eigenschaften, wenn ihr es lediglich an einigen Tagen in der Woche anwendet. Bei allem, was ihr ausprobiert, ist es wichtig, dass ihr euch dabei wohlfühlt. ***Lernt euren Körper besser kennen, fangt an, auf ihn zu hören und ihn zu verstehen.***

Bei allen Rezepten grundsätzlich zu beachten

... ist natürlich die Tatsache, dass zunächst einmal die Geschmäcker ganz verschieden sind. Für jedes Gericht gibt es zahlreiche Variationen in Bezug auf die Hauptzutat, die Beilagen sowie Gewürze und Kräuter. Dieses Buch ist eine Ideensammlung einiger unserer Lieblingsrezepte. Auch wenn manche davon traditionell sind, ist jede Zutat fast immer substituierbar und somit durch z.B. euer Lieblingsgemüse oder euer bevorzugtes Fleisch zu ersetzen.

Wichtig ist, dass ihr euch ausprobiert! Seid kreativ, neugierig, abenteuerlustig, experimentierfreudig und verlasst euch auf eure Sinne!

Mengenangaben machen wir grundsätzlich nur gefühlsmäßig. In der Regel reichen die Rezepte aus diesem Buch jeweils für 2–4 Personen, abhängig vom Typ, dem jeweiligen Hungergefühl und den Vorlieben. Eintöpfe, Suppen etc. reichen uns oft für zwei Tage, wobei diese einen Tag später sowieso immer am besten schmecken.

Gut zu wissen

Olivenöl ist nicht gleich Olivenöl

Auch wenn wir in den Zutaten nur Olivenöl schreiben, ist damit immer ein Olivenöl extra nativ bzw. extra vergine gemeint. Es handelt sich also um ein Öl der höchsten Güteklasse. Leider wurde in den vergangenen Jahrzehnten sehr viel Schindluder mit Olivenöl getrieben, sodass es dem Verbraucher sehr schwerfällt, ein gutes Öl von einem schlechten Öl zu unterscheiden.

Die Supermarktregale sind voll von Olivenölen und eines scheint besser als das andere zu sein, wobei alle das Siegel extra nativ oder extra vergine tragen. Näher auf das Thema einzugehen, würde den Rahmen dieses Buches sprengen. Nichtsdestotrotz ist es uns ein wichtiges Anliegen, etwas zur Aufklärung beizutragen. Durch aufbereitete, gepanschte und aromatisierte Öle ist es für den Normalverbraucher nahezu unmöglich, ein schlechtes Öl zu erkennen, zumal wir alle über viele Jahre hinweg wie bei anderen Lebensmitteln auch auf bestimmte Geschmacksrichtungen konditioniert wurden.

Achtet darauf, dass möglichst viel Transparenz bereits durch das Etikett gegeben ist. Leider wäre ein Labor notwendig, um bestimmte Parameter tatsächlich zu hinterfragen und aufzuzeigen. Ferner sind die vorgegebenen Werte der europäischen Olivenölverordnung eine Farce. Am besten ist es, wenn ihr durch das Etikett erfahren könnt, aus welchem Land das Öl stammt und ob es sich um ein bestimmtes (eventuell geschütztes) Anbaugebiet oder Herkunftsgebiet handelt.

Eine Auskunft über den Erzeuger bzw. den Bauern ist erstrebenswert. Wer ist der Erzeuger/Hersteller des Öls? Um welche Olivensorte(n) handelt es sich? Wo/in welcher Mühle wurde das Öl gepresst/

zentrifugiert? Wo und wann wurde das Öl abgefüllt? Ganz wichtig: Von welcher Ernte stammen die Oliven? Irreführend ist hier nämlich oft die Angabe, wann das Öl abgefüllt wurde. Aus rechtlicher Sicht muss das Abfülldatum nicht mit dem Erntedatum übereinstimmen. Faktisch darf ein Öl mehrere Jahre gelagert werden, bevor es abgefüllt wird. Erst ab dem Abfülldatum zählt dann das Mindesthaltbarkeitsdatum (MHD) mit 12–24 Monaten. Das wahre Alter des Öls ist somit nicht mehr nachvollziehbar. Anonyme Öle mit verallgemeinerten Herkunftsangaben wie z.B. Oliven aus der Europäischen Union sind nicht vertrauenserweckend und sollten gemieden werden.

Idealerweise bezieht ihr euer Öl vom Produzenten eures Vertrauens, kennengelernt in einem eurer letzten Urlaube – egal, ob in Griechenland, Italien, Spanien, Kroatien, Frankreich oder sonst wo in Europa oder auf der Welt. Auch hier sind Lebensmittelmessen ebenfalls oft eine gute Gelegenheit, ***verschiedene Öle zu entdecken und zu probieren.***

Wir wünschen viel Freude beim Nachkochen und Ausprobieren!

Tipp

Mit über 860 Olivensorten weltweit ist bestimmt ein Öl dabei, das euren Geschmack ganz genau trifft.

SOLDÓ

Ein Letztes noch, bevor es losgeht

Nachfolgend findet ihr eine Auflistung der Zutaten, die eigentlich immer bei uns vorrätig sind. Wenn man diese Grundausstattung möglicherweise noch um Reste wie um das ein oder andere bereits länger liegende Gemüse erweitert, kann man oft unkompliziert ganz wunderbare Mahlzeiten zubereiten.

Nudeln, Reis und Getreide
Kartoffeln
Zwiebeln und Knoblauch
Tomatenpassata/Dosentomaten
Tomatenmark
Butter
Frische Kräuter und Gewürze, z.B. Petersilie, Salbei, Rosmarin, Dill, Minze
Getrocknete Gewürze, z.B. Oregano, Paprika, Piment, Lorbeerblätter
Salz und Pfeffer
ein gutes Olivenöl
ein geschmacksneutrales Öl (z.B. Sonnenblumenöl)
Rotwein-, Weißwein-, Balsamicoessig
Gemüsebrühe (als Pulver), am besten ohne Hefeextrakt bzw. andere Geschmacksverstärker
Roggenvollkorn-, Weizenvollkorn-, Dinkelmehl

Die Natur erwacht

Die ersten Sonnenstrahlen im Frühling erwärmen die Erde und die Natur erwacht wieder zum Leben. Ein neuer Kreislauf beginnt. Nachfolgend findet ihr eine Auswahl an Obst und Gemüse, das bereits Ende März bis Ende Juni in unserer Klimazone wächst und somit geerntet und gekauft werden kann. Ebenso werden auch Gemüsesorten aufgezählt, die auch noch eingelagert vorzufinden sind.

Freiland und Gewächshaus

Blattsalate, Erdbeeren, Feldsalat, Lauch, Maiwirsing, Radieschen, Rhabarber, Rucola, Spargel, Spinat, Spitzkohl, ab Juni dann auch Aubergine, Blumenkohl, Brokkoli, Brombeeren, Dicke Bohnen, Erbsen, Fenchel, Frühlingszwiebeln, Gurken, Heidel- und Himbeeren, Johannisbeeren, Kartoffeln, Kirschen, Kohlrabi, Mangold, Paprika, Pfifferlinge, Rettich, Stangensellerie, Tomaten, Wirsing, Zucchini, Zuckerschoten, Zwiebeln

Gelagert

(bis in den April) versch. Kohlsorten, Rettich, Rote Bete, Schwarzwurzel, Sellerieknolle, Wirsing
(bis in den Mai) Kartoffeln, Möhren, Zwiebeln

Σ ΜΙΧΑΛΗΣ
ΜΑΝΩΛΗΣ & ΛΟΥΚΑΣ

»Dolmades« – gefüllte Weinblätter

Für 40–50 Stück

ca. 50 junge Weinblätter
300 g gemischtes Hackfleisch
1 Tasse Milchreis
2–3 Zwiebeln
1 Bund Dill
1 Bund Petersilie
Salz und Pfeffer (nach Geschmack)
1 Msp Kreuzkümmel
Olivenöl
1–2 Esslöffel Tomatenmark

Unsere Weinblätter sammeln wir auf der Insel Rhodos, frieren diese dort ein und bringen sie nach Bedarf bei unserer Rückkehr aus dem Urlaub mit nach Deutschland. Bitte nicht in den nächsten Weinberg laufen und dort »pflücken«, da diese meist gespritzt sind. Wir sammeln die Blätter, solange sie noch jung und hellgrün sind, handgroß und somit noch ganz zart. Alternativ findet man Weinblätter in gut sortierten Feinkostläden oder auch Supermärkten mit türkischem, arabischem oder griechischem Hintergrund.

Nach Art der Weinblätter lassen sich z.B. auch Paprika, Auberginen, Tomaten, Zucchini und Zucchiniblüten füllen.

Zubereitung

Zwiebeln schälen und sehr klein schneiden. Dill und Petersilie klein hacken. Den Reis gut waschen. Hackfleisch in eine große Schüssel geben. Zwiebeln, Dill und Petersilie hinzufügen. Den Reis ebenfalls dazugeben. Alles gut vermischen. Etwas Olivenöl hineingeben, das Tomatenmark

und den Kreuzkümmel mit unterrühren und die ganze Masse noch einmal gut vermengen. Nach Bedarf salzen und pfeffern.
Die Weinblätter in einer Pfanne oder Auflaufform mit heißem Wasser übergießen und kurz ziehen lassen (falls diese eingefroren waren). Danach voneinander trennen.
Weinblatt auf die geöffnete Handinnenfläche legen. Der (abgeschnittene) Stiel zeigt auf dich. Mit einem Teelöffel etwas von der Mischung draufgeben. Das Blatt von links und rechts außen nach innen falten und anschließend von unten hochklappen und nach oben rollen. Nicht zu lose zusammenfalten und -rollen. Gerne abschließend die Hand leicht zu einer Faust ballen und das gefüllte Weinblatt zusammendrücken, sodass noch etwas Flüssigkeit gegebenenfalls auslaufen kann.
Den Boden des Topfes mit wenigen Weinblättern auslegen. Die gerollten Weinblätter gut in den Topf hineinlegen und stapeln. Wasser hinzugeben, sodass die Hälfte der Weinblätter im Wasser liegt. Noch etwas Salz drüberstreuen und ein wenig Olivenöl darüberträufeln. Damit die Weinblätter während des Kochens dicht an dicht bleiben und nicht auseinanderfallen, einen Teller umgekehrt auf die Weinblätter legen. Deckel auf den Topf und ca. 45 Minuten bei kleiner Flamme köcheln lassen. Bei Bedarf zwischendurch etwas Wasser hinzufügen. Am besten warm und mit etwas Naturjoghurt servieren.

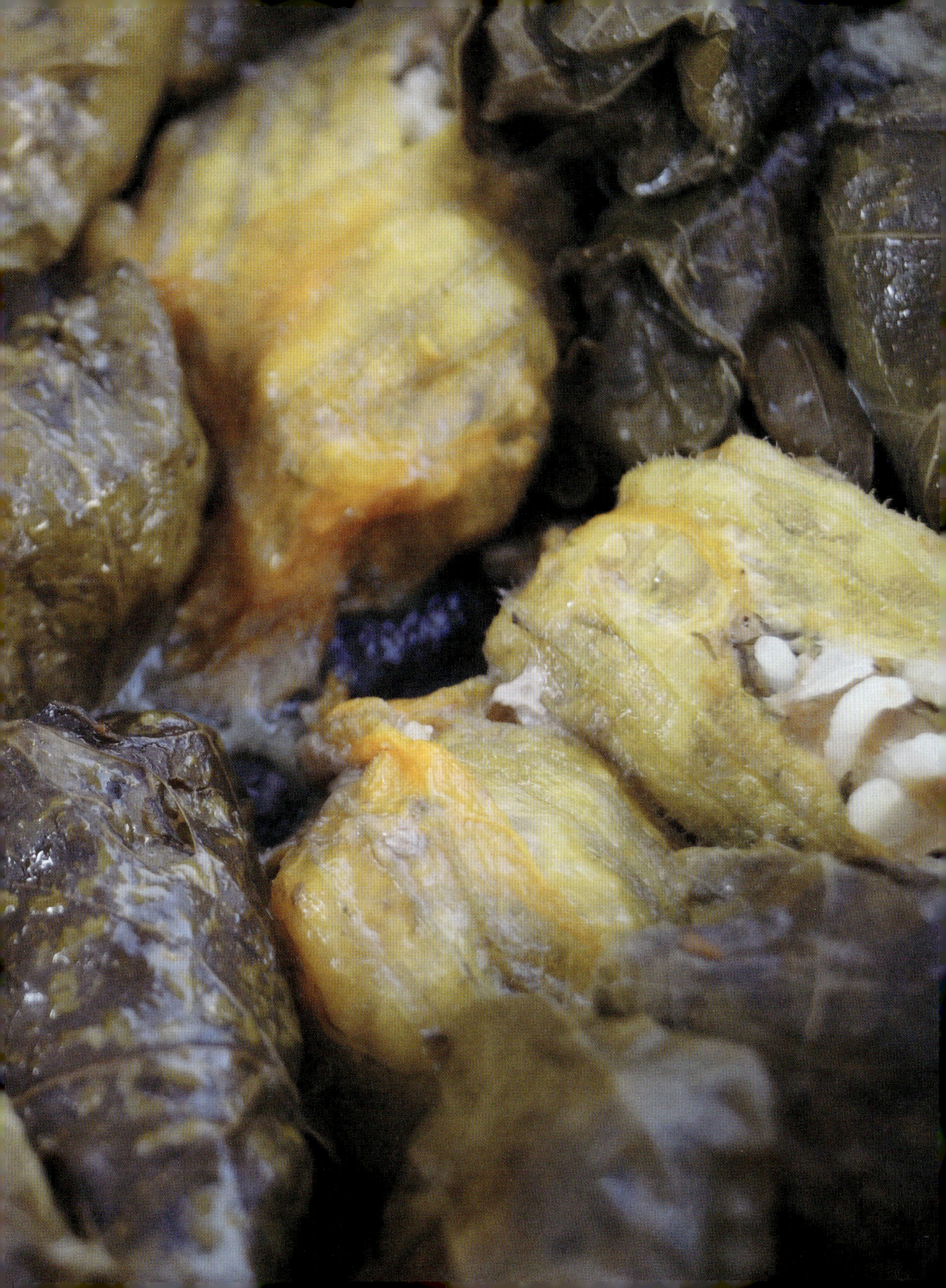

Karamellisierter Fenchel

Für 2 Personen

1 Fenchelknolle
Olivenöl
1–2 TL Rohrohrzucker
oder 1–2 TL Honig
Salz und Pfeffer
etwas geriebene Zitronenschale
Rosa Pfefferkörner, ganz
ein paar Minzblätter

Zubereitung

Den Fenchel in 1 cm dicke Scheiben schneiden. Olivenöl in einer großen Pfanne erhitzen und die Fenchelscheiben hineinlegen. Mit Salz, Pfeffer und Zucker (oder Honig) bestreuen und ca. 2–3 Minuten von beiden Seiten zart goldbraun braten.

Die Fenchelscheiben auf einem Teller platzieren. Etwas Zitronenschale über den Fenchel reiben, die rosa Pfefferkörner mit den Fingern zerdrücken und auf den Fenchel streuen sowie noch etwas Minze darüber verteilen.

Knackig und erfrischend

Eigentlich dürfte es viel öfter mal ein frischer Salat sein, nicht nur im Sommer. So einfach, schnell und doch vielfältig zuzubereiten. Es gibt das ganze Jahr hindurch die Möglichkeit, an frische Salate zu kommen. Auch im Winter. Hier hat z.B. der Feldsalat Saison. Und immerhin lassen sich mit fermentiertem Gemüse auch herrliche Salatideen zaubern. Eurer Kreativität sind keine Grenzen gesetzt!

Gut zu wissen

Dressing – kurz und knapp

Nachfolgend stellen wir euch unser Lieblingsdressing vor. Es ist schnell gemacht und dient grundsätzlich als Basis für viele weitere Variationen. Nach Lust und Laune lässt sich das Olivenöl durch ein beliebiges anderes Öl ersetzen. Gerne benutzen wir auch Raps- oder Leinöl. Diese Öle sind ebenfalls sehr gesund und bekömmlich. Senf ist kein Muss, gibt aber dem Dressing das gewisse Etwas und je nach Art des Senfes auch eine schöne Schärfe. Balsamico bringt die veränderte Farbe ins Spiel und liefert je nach Variation, Alter und Zusammensetzung des Balsamicos bzw. der Balsamico-Creme ebenfalls eine angenehme Süße und Konsistenz.

Ahornsirup lässt sich durch euren Lieblingshonig ersetzen und verleiht dem Dressing auch nochmal eine sehr schöne Süße. Alternativ benutzen wir auch Quittensirup oder selbstgemachten Himbeer- bzw. Pflaumensirup. Für die entsprechenden Kräuter im Dressing sind eurer Fantasie keine Grenzen gesetzt! Salz oder Kräutersalz und Pfeffer nach Geschmack und fertig ist das Dressing, das zu den meisten frischen Blattsalaten passt!

Andere Dressingarten gibt es teilweise für die weiteren Salatrezepte.

Zutaten

100 ml Olivenöl
1 EL Senf
1–2 TL Balsamico
1 Schuss Ahornsirup oder
1 TL eures Lieblingshonigs
1 Prise getrockneter Oregano
eine kleine Handvoll Petersilie
Salz und Pfeffer

Zubereitung

Wir benutzen gerne ein kleineres Schraubglas mit einem Fassungsvermögen von max. 200 ml.
Zuerst kommt das Olivenöl hinein, anschließend der Senf und der Balsamico (die Balsamico-Creme). Danach zerreibt man etwa einen halben TL Oregano und fügt die klein gehackte Petersilie hinzu. Zum Abschluss den Ahornsirup sowie Salz und Pfeffer nach Geschmack hineingeben, Deckel drauf und ordentlich geschüttelt – nicht gerührt!
Nachdem man das Dressing auf den Salat geleert hat, kann man noch etwas Wasser in das Glas füllen, dieses noch einmal kräftig schütteln und diesen Rest dem Salat hinzufügen. So bekommt man noch die klebrigen, süßen und öligen Überreste aus dem Glas.

Erdbeer-Spargel-Salat mit jungem Spinat

Für 2 Personen

½ Bund grüner Spargel
eine ordentliche Handvoll junger Spinat
200 g Erdbeeren
10–15 Blätter frische Zitronenmelisse (alternativ wahlweise Minze oder Basilikum, jedoch nur nach Belieben, da sehr intensiv)
frischer Saft einer halben Zitrone
Olivenöl
Salz und Pfeffer
gut gereifter Balsamico

Zubereitung

Spargel waschen (nicht schälen) und die eventuell holzigen Spargelenden zu etwa 1 cm abschneiden. Dann den Spargel in 3–4 cm lange Stücke schneiden und in etwas Olivenöl in der Pfanne 2–3 Minuten anbraten, leicht salzen und den Zitronensaft dazugeben. Anschließend sehr wenig gekochtes Wasser hinzufügen und unter dem Deckel weitere 3 Minuten dünsten bis der Spargel gar, aber bissfest ist (Bissprobe). Pfanne beiseitestellen.

Erdbeeren, Spinat und Zitronenmelisse waschen, trocken tupfen und mit dem bereits kalten Spargel in einer Schüssel vorsichtig vermischen. Olivenöl hinzufügen, nach Belieben Salz und eine Prise frischen Pfeffer darüberstreuen und mit dem Balsamico beträufeln.

Selten, dafür köstlich

Obwohl die Weltmeere 2/3 unserer Erde bedecken, hat es die Menschheit mit ihrer extensiven Art und Weise geschafft, diese weitgehend leerzufischen. Nachhaltigkeit bedeutet vor allem, dass genug wieder nachwachsen und sich entwickeln kann, nachdem man es aus seinem natürlichen Kreislauf entnommen, gefangen oder gefällt hat. Dies gilt universell und in allen Bereichen. Informiert euch vorab, welche Arten besonders gefährdet sind oder wann und wie gefangen wurden. Bringt bei Aquakulturen die Lebensbedingungen in Erfahrung und überzeugt euch von Haltung und Fütterung. Wenn ihr Urlaub am Meer macht, kauft bei den Fischern im Hafen, die ihren frischen Fang morgens an Land bringen.

Dorade mit Bratkartoffeln

Für 2 Personen

2 Doraden (im besten Fall bereits entschuppt und ausgenommen/gesäubert)
3 mittelgroße Kartoffeln
Salz
Olivenöl
Rosmarinzweige
evtl. Petersilie und Knoblauch
etwas Mehl

Zubereitung

Die Fische von innen und außen salzen und kurz ruhen lassen. Den Rosmarin und, wer mag, etwas Petersilie in die Fische legen (je nach Vorliebe darf es auch noch Knoblauch sein). Die beiden Fische leicht mehlieren und in einer Pfanne jede Seite 3–4 Minuten goldbraun braten. Parallel die geschälten Kartoffeln in Scheiben oder Stifte schneiden und ebenfalls in einer Pfanne goldbraun braten. Mit einer geviertelten Zitrone servieren. Fertig. Guten Appetit!

Tipp

Die Dorade lässt sich auch wunderbar grillen ...

Spargel-Frühlingszwiebel-Tarte

Für 5–6 Personen

für den Teig

110 g Roggenvollkornmehl

110 g Dinkel- oder Weizenmehl

120 g kalte Butter

2 EL kaltes Wasser

1 Ei

1 Prise Salz

für den Belag

350 g Schlagsahne

2 Eier

1 Prise Salz, frisch gemahlener Pfeffer

1 Prise frisch geriebene Muskatnuss

1 Bund grüner Spargel

1 Bund Frühlingszwiebel

Zubereitung

Für den Teig beide Mehle und das Salz vermischen. Die Butter in kleinen Stückchen (Flocken) sowie das kalte Wasser und das Ei hinzufügen. Mit den Knethaken gut verarbeiten und anschließend mit den Händen zu einem glatten Teig verkneten. Zu einer Kugel formen und in Frischhaltefolie eingewickelt etwa 30 Minuten im Kühlschrank kaltstellen.

Den Backofen auf 200 Grad Ober-/Unterhitze vorheizen. Teig auf etwas Mehl (½ cm dick, etwa 30 cm Durchmesser) ausrollen. Danach den Teig in eine gefettete Tarteform legen (etwa 26 cm Durchmesser) und mit einer Gabel mehrmals einstechen. Mit den übriggebliebenen 2 cm rundherum einen Rand hochziehen. Die Form in den Ofen schieben und etwa 10–12 Minuten vorbacken. Herausnehmen und kurz abkühlen lassen.

Für den Belag die Sahne mit den Eiern verrühren und mit den Gewürzen vermischen. Den Spargel spülen, abtrocknen und die unteren Enden abschneiden. Von den Frühlingszwiebeln die weißen Köpfe sowie die ersten paar Zentimeter des grünen Teils verwenden. Wer mag, kann gerne noch den Rest der röhrenartigen grünen Blätter klein schneiden und hinzufügen. Die Sahnecreme auf dem vorgebackenen Teig verteilen, mit dem Spargel und den Zwiebelstücken belegen. Weitere 40–45 Minuten in den Ofen stellen und fertigbacken.
Voilá, fertig ist die Spargel-Zwiebel-Tarte.

Bohneneintopf

Zutaten

500 g weiße Bohnen
2 große Zwiebeln
3 Knoblauchzehen
1 Staudensellerie
1 Bund Petersilie
2 Karotten
2 Kartoffeln
Olivenöl
Salz und Pfeffer
1 Dose Tomaten, stückig
2 TL Tomatenmark
Oregano
frische oder getrocknete Minze

Zubereitung

Bohnen über Nacht in ordentlich Wasser einweichen. Am Tag der Zubereitung mit frischem Salzwasser 20 Minuten kochen. Abgießen und abtropfen lassen.
Zwiebeln und Knoblauch fein hacken. Staudensellerie klein schneiden. Karotten und Kartoffeln schälen und in kleine Würfel schneiden. Die Zwiebeln und den Knoblauch in einem großen Topf im Olivenöl glasig dünsten. Das Tomatenmark hinzufügen und kurz mit den Zwiebeln und dem Knoblauch anbraten. Die Bohnen sowie die Dosentomaten dazugeben, noch etwas Wasser hineingeben, sodass die Bohnen überdeckt sind, umrühren und alles für ca. 30 Minuten köcheln lassen. Dann den Staudensellerie, die Karotten und Kartoffeln hineingeben, gut unterrühren und weiter für 30 Minuten auf kleiner Flamme köcheln lassen. Bei Bedarf immer wieder Wasser hinzufügen. Zwischendurch mit Salz und Pfeffer würzen sowie um den Oregano und die Minze ergänzen. Zum Schluss die fein gehackte Petersilie untermischen und servieren. Hier passt ein frisches Bauernbrot hervorragend dazu! (siehe S. 211)

»Pita« – Blätterteigschnecken

Für 4–6 Personen

1 Pck. Blätterteig (ca. 10–12 Blätter, quadratisch, je ca. 35 x 35 cm)
3 Eier
300 g Fetakäse
200 g körniger Frischkäse
1 Tasse Sprudel
2 TL Backpulver
100 ml Sonnenblumenöl
4 EL Butter

1 emaillierte runde Backform (Ø 34–36 cm)

Zubereitung

Blätterteig bei Bedarf zum Auftauen am Vorabend in den Kühlschrank stellen. Am Backtag die Teigblätter aus der Packung holen und vorsichtig auseinanderfalten, sodass diese aufeinanderliegend auf der Arbeitsplatte bereitliegen.

Den Fetakäse mit den Fingern in eine große Schüssel zerbröseln. Den Frischkäse dazugeben, die Eier hineinschlagen, das Backpulver und den Sprudel hineingeben und alles gut miteinander verrühren.

Auf das oberste Teigblatt etwa 4–5 EL Sonnenblumenöl träufeln. Danach die Käsefüllung mit einem Esslöffel auf dem Teigblatt gleichmäßig verteilen. Pro Teigblatt dürfen es gut und gerne 6–7 Esslöffel der Füllung sein. Alle 4 Ecken ca. 5 cm nach innen falten und das Teigblatt von unten nach oben locker aufrollen. Aus der Rolle nun eine lockere Schnecke formen und in die mit Butter eingefettete Backform geben.

Mit allen weiteren Teigblättern genauso verfahren und diese nach und nach nebeneinander in die Form legen. Die restliche Butter auf die gerollten Teigblätter verteilen.

Die Form mit der Pita nun in den vorgeheizten (220 Grad) Backofen geben und bei 200 Grad ca. 45 Minuten goldbraun backen. Dann den Backofen ausschalten und darin die Pita nach ungefähr 10 Minuten ruhen lassen. Erst dann herausnehmen und noch warm genießen!

Tipp

Anstelle von Fetakäse oder zusätzlich zu diesem passt auch wundervoll frischer Spinat, der vorher mit kleinen Zwiebelstückchen und etwas Knoblauch gedünstet wurde.

Der Duft der Sonne

Es grünt und duftet, wuselt und summt überall um uns herum. Der Sommer ist da. Die Natur ist hellwach und steht in voller Blüte und Pracht. Von Ende Juni bis Ende September werden wir reich beschenkt. Bunt und vielfältig sieht unser Einkaufskorb jetzt aus und genauso unser gedeckter Tisch. Die perfekte Zeit, so vieles zu genießen, aber auch für die kältere Jahreszeit vorzusorgen.

Freiland und Gewächshaus

Aprikosen, Aubergine, Blattsalate, Blumenkohl, Brokkoli, Brombeeren, Champignons, Dicke Bohnen, Erbsen, Erdbeeren, Fenchel, Frühlingszwiebeln, grüne Bohnen, Gurken, Heidel- und Himbeeren, Johannisbeeren, Kartoffeln, Kirschen, Kohlrabi, Knollensellerie, Mangold, Möhren, Paprika, Pfifferlinge, Pflaumen, Porree, Radieschen, Rettich, Spitzkohl, Stachelbeeren, Stangensellerie, Steinpilze, Tomaten, Wirsing, Zucchini, Zuckerschoten, Zwiebeln.
Ab August dann Äpfel, Birnen, Blaubeeren, Kürbis, Lauch, Pastinaken, Rucola, Rote Bete, Rotkohl, Sauerkirschen, Sellerie, Weißkohl, Zuckermais

Mezedes als Einstieg für den Gaumen

Zum Meze zusammenzukommen, bedeutet Freundschaft, Freude, Gemütlichkeit und Gastlichkeit erleben. Wir verbinden damit einige unserer schönsten Momente und Erinnerungen. Egal, ob in einer griechischen Taverne mit Blick auf die Weite der Ägäis oder an einer langen Tafel irgendwo in Deutschland: Jeder bestellt verschiedene kleine Köstlichkeiten oder bringt diese im privaten Kreis mit. Dazu gehört viel Gemüse, wenn möglich, frischer Fisch und regionales Fleisch mit verschiedensten Dips und Soßen sowie eine Auswahl an Salaten und frisches Brot. Ein Meze hat keinen festen Ablauf. Manche Gäste kommen später dazu, andere gehen früher. Es erweckt vielleicht das Gefühl eines großen Durcheinanders, ist aber stets geleitet durch die ungeschriebene Regel des Teilens und des Miteinanders. Ein Hoch auf die Glückseligkeit!

»Tzatziki« – griechischer Joghurt-Dip

Für 5–8 Personen

350–400 g griechischer Joghurt (10 % Fett)
1 große Gurke
Dill
2–3 mittelgroße Knoblauchzehen
2 EL Olivenöl
1 EL Essig
Pfeffer
Salz

Zubereitung

Diese sollte idealerweise am Vortag erfolgen, da das Tzatziki ziehen muss, um seinen wahren Geschmack zu entfalten.
Die Gurke schälen und grob in eine Schüssel reiben. Anschließend leicht salzen und 10 Minuten stehen lassen. Nachdem die geriebene Gurke das meiste Wasser verloren hat, den Inhalt der Schüssel durch ein feines Sieb lassen. Ruhig mit der Hand die Gurkenmasse ausquetschen und vom Wasser befreien.
Die geriebene und entwässerte Gurke nun wieder in eine Schüssel geben, mit dem Essig und dem Öl vermengen sowie, je nach Geschmack, etwas fein geschnittenen Dill hinzugeben. Den Knoblauch hineinpressen und die Mischung pfeffern. Nun den Joghurt nach und nach unter Rühren hinzugeben, bis alles eine schöne cremige Konsistenz hat und gut vermischt ist. Die Schüssel kann jetzt in den Kühlschrank gestellt werden bis die Vorspeise/der Dip am morgigen Tag zum Einsatz kommt.

»Tiganita« – gebratenes Gemüse

Für 2–3 Personen
1 Aubergine
1 Zucchini
2 grüne Spitzpaprika
3 Kartoffeln
etwas Olivenöl
1 Knoblauchzehe

Zubereitung
Mit etwas Vorlauf kann man diese Vorspeise gut vorbereiten. Im Ofen warmgehalten oder noch einmal aufgewärmt, kann sie dann passend serviert werden.
Die Aubergine und Zucchini längs in 0,5 cm dicke Scheiben schneiden. Die Spitzpaprika längs einschneiden, jedoch mit Stiel belassen. Die Kartoffeln schälen und quer ebenfalls in Scheiben schneiden.
In einer großen Pfanne etwas Olivenöl erhitzen und nach und nach die verschiedenen Gemüse beidseitig anbraten, bis diese goldbraun sind. Sobald eine Charge fertig ist, diese in eine Auflaufform geben und in den warmen Ofen (ca. 100–120 Grad) stellen. Wer mag, kann nun den Knoblauch quer in dünne Scheiben schneiden und über Aubergine, Zucchini und Paprika verteilen. Bis alles fertig ist und angerichtet werden kann, nimmt das Gemüse das typisch mediterrane Aroma an.
Einfach herrlich!

Tipp

Anstatt das Gemüse in der Pfanne zu braten (sehr starke Geruchsentwicklung und spritzige Angelegenheit), backen/grillen wir es, gut eingeölt, gerne auch per Backblech im Ofen nacheinander. Macht geschmacklich keinen Unterschied und hinterlässt einen sauberen Herd.

Auberginen-Zucchini-Röllchen gefüllt mit Walnuss, Knoblauch und Fetakäse

Für 2–3 Personen

1 große Aubergine
1 große Zucchini
2 Handvoll geschälte Walnüsse
180 g Feta
1 Knoblauchzehe
Olivenöl

Zubereitung

Aubergine und Zucchini längs in dünne Scheiben schneiden (etwa 5 mm dünn) und in einer Pfanne mit viel Olivenöl von beiden Seiten goldbraun anbraten. Scheiben herausnehmen und mit Küchenpapier abtupfen. Für die Füllung die Wahlnüsse mit dem Feta und dem Knoblauch im Mixer pürieren. Diese Masse dann auf die Scheiben streichen, die Scheiben einrollen und in eine Auflaufform geben. Die Auflaufform für ca. 15 Minuten in den vorgeheizten Backofen bei Ober- und Unterhitze (170 Grad) stellen. Anschließend die Röllchen auf einer Servierplatte hübsch anrichten und mit knusprigem Baguette servieren.

»Choriatiki« – griechischer Bauernsalat

Für 2–3 Personen
1 Gurke (lang)
2–3 große Fleischtomaten
1 mittelgroße Zwiebel
1 grüne Spitzpaprika
150 g Feta
Oliven
1 Prise Oregano
Salz und Pfeffer
jede Menge Olivenöl

Zubereitung
Gurke längs halbieren und in dicke Scheiben schneiden. Tomaten achteln bzw. noch in der Hand in mundgerechte Stücke schneiden. Zwiebel halbieren und die Hälften in Halbringe schneiden. Spitzpaprika quer in Ringe schneiden. Den Feta würfeln oder mit den Fingern hineinbröseln. Alle Zutaten in einer Schüssel vermischen. Oliven hinzufügen und etwas Oregano darüberstreuen. Je nach Geschmack salzen und pfeffern sowie ordentlich Olivenöl dazugeben. Alles nun noch einmal gut vermischen und servieren.
Im mediterranen Sommer ergibt der Salat kombiniert mit frischem Brot eine leichte und schmackhafte Hauptmahlzeit …
Kali Oreksi! Guten Appetit!

»Stifado« – Rind mit Backofenkartoffeln

Die Zubereitung dieses Fleischgerichts unterscheidet sich kaum von einem zünftigen Gulasch. Es muss lediglich noch mediterraner bzw. orientalischer gewürzt werden, damit es dem Namen »Stifado« gerecht wird. Traditionell wird es aber auch mit Lamm-, Kalbfleisch, Kaninchen oder Wild zubereitet.

Für 2 Personen

300 g Rindfleisch (am besten von der Wade, da es selbst bei langem Köcheln schön zart bleibt. Alternativ: Fleisch vom Hals oder vom Nacken).
6–8 Schalotten oder
3–4 mittelgroße Zwiebeln
3 Knoblauchzehen
Olivenöl
2 EL Tomatenmark
1 TL Paprikapulver
200 ml Gemüsebrühe
3–4 Pimentkörner
1 Lorbeerblatt
½ TL Kreuzkümmel (Kumin)
½ TL Koriander, ganz
1 Prise Zimt
Salz und Pfeffer
4–6 mittelgroße Kartoffeln (z.B. die frühreife Sorte »Annabelle«)
Oregano

Zubereitung

Das Rindfleisch in 3–4 cm große Würfel schneiden, mit Salz, Pfeffer und dem roten Paprikapulver einreiben. Die Schalotten schälen bzw. die Zwiebeln schälen und halbieren. Den Knoblauch fein hacken.

In einem Topf ausreichend Olivenöl erhitzen und die Schalotten am Stück (bzw. die Zwiebelhälften) sowie Knoblauch kurz andünsten. Das Fleisch dazugeben und von allen Seiten kurz anbraten. Anschließend mit etwas Brühe ablöschen. Wer mag, kann hierfür auch Rotwein verwenden. Auf mittlerer Flamme kurz köcheln lassen. Das Tomatenmark hinzufügen und sobald die Flüssigkeit etwas eingedickt ist, noch einmal mit dem Rest der Brühe auffüllen (bei Bedarf noch etwas Wasser hinein), Lorbeerblatt und Pimentkörner in den Topf geben, das Ganze mit dem gemahlenen Koriander und Kreuzkümmel würzen, die Prise Zimt hinzufügen und alles gut und gerne 1 Stunde auf kleiner Flamme köcheln lassen. Ab und zu umrühren sowie eventuell hin und wieder etwas Wasser in den Topf geben.

Parallel die Kartoffeln vierteln und auf einem Backblech verteilen. Reichlich mit Olivenöl beträufeln und mit dem getrockneten Oregano würzen. Das Backblech mit den Kartoffeln nun für 30–40 Minuten bei 180 Grad in den vorgeheizten Ofen (mittlere Schiene) stellen. Sobald die Kartoffeln knusprig gebacken sind, diese mit dem Fleisch auf einem Teller anrichten. Lasst es euch schmecken!

»Psarósupa« – Fischsuppe und eine kleine Geschichte

In der Regel werden für eine Fischsuppe meistens die Fische verwendet, die übrig geblieben sind. Für eine Fischsuppe hierzulande eignen sich Zander, Barsch und Lachsforelle. Dorsch (Kabeljau) eignet sich auch wunderbar für eine Suppe. Am leckersten wird diese, wenn ihr verschiedene Fischsorten benutzt. In Griechenland kaufen wir gerne Meerbrassen, Meeräschen, Seeteufel oder einen Drachenkopf aus der Familie der Skorpionsfische. Ein äußerst schmackhafter Suppenfisch ist auch das Petermännchen (aus der Familie der Drachenfische). Hier ist jedoch Vorsicht beim Säubern geboten. Die Rücken- und Kiemenstacheln sind giftig und sollten vorher entfernt werden.

Für 3–4 Personen

3–4 Fische
(siehe Beschreibung oben)
2–3 Kartoffeln
1 kleine Zwiebel
1 Karotte
1 Bund Petersilie
½ Tasse Milchreis
½ Tasse Olivenöl
Saft einer Zitrone
Salz und Pfeffer

Zubereitung

Etwa 2 l Wasser gut salzen und mit den geschälten Kartoffeln, der Karotte, der Petersilie und der halbierten Zwiebel zum Kochen bringen. Die entschuppten, ausgenommenen und gesäuberten Fische dazugeben und für ca. 10–15 Minuten auf kleiner Flamme weiterköcheln lassen. Den Fisch zuerst und das Gemüse, sobald es gar ist, etwa 5 Minuten später ebenfalls herausnehmen. Die Brühe in einen neuen Topf durchsieben. Das Gemüse klein schneiden und mit einer Gabel zerdrücken. Den Milchreis in die Brühe geben und aufkochen, bis dieser gar ist. Das zerdrückte Gemüse dazufügen, umrühren und die Suppe mit etwas Salz und Pfeffer abschmecken. Je nach Belieben könnt ihr die Konsistenz mit mehr Wasser oder zusätzlichem Gemüse beeinflussen. Das Olivenöl mit dem Saft der Zitrone schaumig rühren/mixen und in die Suppe geben. Fertig!

Das Fischfleisch separat servieren, damit jeder nach Belieben zugreifen kann. Bon appetit!

… eine kleine Geschichte

Griechenland, Sommer 1987. Es sind Sommerferien in Deutschland und wie jedes Jahr sind meine Eltern mit meiner Schwester und mir wieder nach Rhodos gefahren. Mit einem kleinen Zwischenstopp bei unseren Großeltern, den Eltern meiner Mutter, in Serbien, damals noch ein Teil Jugoslawiens, geht die Reise weiter bis nach Piräus, um dann mit der Fähre und nach weiteren 18 Stunden auf die Insel Rhodos überzusetzen. Die Reise ist wie jedes Mal ein großes Abenteuer, bei dem wir Kinder im Stundentakt fragen, ob wir schon da sind. Endlich angekommen, erwarten uns Oma und Opa, vier Wochen Sonne und Strand, Olivenhaine, Gärten, Hühner und Schafe. Mein Highlight jedoch waren immer die Angelausflüge mit meinem Großvater.

Mit Angelruten, Köder, Reuse und einem Vesperpaket ausgestattet, geht es frühmorgens los. Mein Opa steuert das kleine Motorboot ruckelnd und knatternd hinaus aufs Meer und damals noch auf die fischreichen Jagdgründe zu. Ungeduldig warte ich, bis er die Angelhaken mit Ködern bestückt und die Angeln auswirft. Endlich reicht er mir die eine Rute, die ich umgehend in die Hand nehme, um dann überglücklich auf das Meer hinaus zum Schwimmer an der Angelschnur zu schauen. Oft vergehen Stunden. Manchmal mit mehr und manchmal mit weniger Erfolg. Doch nach nur kurzer Wartezeit, einigen Bissen am Köder und Zuckungen an der Angel, beißen heute fast zeitgleich zwei Meeräschen bei uns an. Vor lauter Aufregung lasse ich meine Rute fast ins Wasser fallen. Doch mein Großvater holt nacheinander und völlig routiniert beide Angeln mitsamt Fang ins Boot. Während des Vormittags fängt er noch eine Meerbrasse und einen stattlichen Drachenkopf. Wieder im Dorf angekommen, renne ich völlig aufgeregt, aber mächtig stolz in unseren Hof, um dann mit viel griechischer Dramaturgie, der ein oder anderen

dazu erfundenen Ausschmückung und enorm viel Enthusiasmus, allen Daheimgebliebenen von unserem Fang zu berichten. In der Zwischenzeit sitzt Opa bereits seelenruhig und lächelnd auf seinem Hocker in der Gartenküche und bereitet den frischen Fang für das gemeinsame Abendessen vor. Unvergesslich bleibt mir der Duft der heißen Fischsuppe im Gedächtnis, während die Sonne langsam in der Ägäis untergeht und den Himmel rötlich färbt. *Es ist Sommer auf Rhodos.*

Gefüllte Paprika mit Räuchertofu

Für 4 Personen

4–6 mittelgroße Paprika
250 g Räuchertofu
¾ Tasse Reis (Milchreis ist ideal)
1 Karotte
1 kleine Zucchini
1 Zwiebel
1 Knoblauchzehe
Olivenöl
etwas Brühe
2 EL Tomatenmark
Salz und Pfeffer
1 TL Majoran
1 Prise Oregano
eine kleine Prise Kreuzkümmel und Koriander
1 TL Paprikapulver (edelsüß)

Zubereitung

Die Paprika vorbereiten: Mit einem kleinen Küchenmesser die Paprika oben rundherum aufschneiden. Das Herausgeschnittene für später als Deckel behalten. Das Innere der Paprika mit einem Teelöffel entfernen. Paprika waschen.

Die Füllung zubereiten: in einer großen tiefen Pfanne das Olivenöl erhitzen. Zwiebel und Knoblauch fein schneiden, hineingeben und leicht andünsten. Den Räuchertofu in Scheiben schneiden und anschließend mit einer Gabel zerkrümeln/zerquetschen, sodass kleine Krümelflocken entstehen. Nun den Tofu hinzufügen und gut anbraten. Mit Salz, Pfeffer und dem Paprikapulver würzen. Karotte und Zucchini grob reiben und dazugeben. Die ganze Mischung mit wenig Brühe ablöschen, das Tomatenmark unterrühren und alles kurz köcheln lassen. Majoran und Oregano hinzugeben.

Den Reis waschen und ebenfalls unterrühren. Bei Bedarf noch etwas Brühe dazugeben. Die ganze Füllung 5 Minuten köcheln lassen, bis diese eingedickt ist, und abschließend mit dem im Mörser zerstoßenen Kreuzkümmel und Koriander würzen.
Die Paprika befüllen, (Paprika-)Deckel drauf und in einen großen Topf stellen. Der Topf sollte so groß sein, dass die Paprika ziemlich genau hineinpassen und keinen Halt benötigen. Sollte noch etwas Füllmaterial für den Topf benötigt werden, geben wir auch hier gerne noch ein paar geschälte Kartoffeln dazu, die später dann als Beilage dienen. Den Topf mit Wasser füllen, sodass die Paprika zu 2/3 im Wasser stehen. Kurz aufkochen und anschließend den Topf in den vorgeheizten Backofen geben, mittlere Schiene, bei 160–180 Grad Ober- und Unterhitze. Nach 45–50 Minuten sollte der Reis gar und die Paprika fertig sein. Eventuell muss man nach ca. 30 Minuten den Topf mit Alufolie abdecken, damit die Paprika von oben nicht verbrennen. Spätestens aber dann, sobald der Paprikadeckel dunkel wird, sollte man die Alufolie anbringen.
Die Paprika aus dem Wasser heben, kurz abtropfen lassen und auf den Tellern anrichten. Guten Appetit!

Gut zu wissen

Gemüsebrühe

Diese Gemüsebrühe kann man sowohl als eigenständige Suppe servieren, aber auch als Basis für weitere Suppen, Eintöpfe oder Saucen verwenden. Sie ist ein optimaler, selbstgemachter Ersatz für die oft verwendete getrocknete Gemüsebrühe, die man als Pulverform mit Wasser manchen Speisen und Zubereitungen hinzufügt. Abgekühlt und abgefüllt ist die frische Gemüsebrühe einige Tage im Kühlschrank haltbar.

Für ca. 2 l
1 Lauch
1 große Zwiebel
2 Karotten
1 kleine Sellerieknolle (inkl. Selleriegrün)
1 Bund Petersilie
Olivenöl

Zubereitung
Zwiebel, Karotten und Sellerieknolle schälen. Olivenöl in einem großen Topf erhitzen. Das geschälte Gemüse hineingeben und ganz kurz (1 Minute) anbraten. Anschließend den Topf mit Wasser füllen, den Lauch, das Selleriegrün und die gehackte Petersilie hinzugeben und alles für ca. 1 Stunde köcheln lassen.

Tipp

Man kann auch von Anfang an 2–3 Kartoffeln mitkochen. Nach ca. 30 Minuten nimmt man Kartoffeln, Karotten und Sellerieknolle heraus, lässt diese abkühlen und schneidet sie in kleine Würfel, welche man später als Verstärkung zur Gemüsesuppe hinzufügen kann. Die Brühe hilft, andere Speisen und Saucen zu verfeinern oder schmeckt einfach so als nahrhaftes Getränk (nicht nur beim Fasten) ganz wunderbar.

»Turlu-Turlu« – griechischer Eintopf »Allerlei«

Für 3–4 Personen

4–5 mittelgroße Kartoffeln
2–3 Karotten
1 Zucchini
1 kleine Aubergine
1 große Zwiebel
2 Knoblauchzehen
1 große Handvoll grüne (Stangen-)Bohnen
2 grob geriebene Tomaten
1–2 EL Tomatenmark
etwas Gemüsebrühe
Olivenöl
Salz und Pfeffer
3–4 Pimentkörner
1 Lorbeerblatt
1 Bund Petersilie

Zubereitung

Kartoffeln schälen und vierteln. Karotten, Zwiebel schälen und in Würfel schneiden. Zucchini und Aubergine waschen und ebenfalls in Würfel schneiden. Knoblauch schälen und fein hacken. Bohnen waschen und abziehen. Zwiebel und Knoblauch in ausreichend Olivenöl in einem Topf kurz anbraten. Auberginen und Zucchini dazugeben und leicht schmoren lassen. Kartoffeln und Karotten hineingeben und alles mit den frisch geriebenen Tomaten und dem Tomatenmark ergänzen. Anschließend noch mit heißem Wasser und/oder der Gemüsebrühe auffüllen. Stangenbohnen dazugeben und darauf achten, dass alles mit dem Wasser bedeckt ist. Die Petersilie fein hacken und hinzufügen. Lorbeerblatt, Pimentkörner hineingeben, mit Salz und Pfeffer würzen und alles ca. 30 Minuten köcheln lassen. Der Eintopf ist fertig, sobald die Kartoffeln und Karotten gar sind. Ein leckeres Bauernbrot zum Tunken passt traumhaft dazu! (siehe S. 211)

Schnell oder aufwendig

Herzhafte Aufstriche sind die Seele einer zünftigen Brotzeit und schmackhafte Dips das i-Tüpfelchen vieler Gerichte.

»Ajvar« – Balkan-Dip

Für ca. 4–6 Gläser (je 300–400 ml fassend)

5 kg fleischige rote Spitzpaprika
2 große Auberginen
500 ml Sonnenblumenöl
1 gehäufter EL Rohrohrzucker
1 gehäuftee TL Meersalz
1 EL Essenz (ca. 80 % Essig)

Zubereitung

Am Vortag Paprika und Auberginen braten. Im Sommer ist es ideal, dies am offenen Feuer oder auf dem Grill zu tun. Die Haut darf ruhig dunkel bis schwarz werden. Anschließend die gebratenen Paprika und Auberginen in kompostierbare Gemüsebeutel einwickeln und ca. 1 Stunde ruhen lassen. Nach dem Schwitzen in den Tüten lassen sich die Paprika und Auberginen sehr viel leichter schälen.

Nachdem sie geschält sind, das Fruchtfleisch in einem großen Sieb über Nacht abtropfen lassen. Am nächsten Tag, also dem Tag der Zubereitung, das Fleisch der Paprika und der Aubergine durch den Fleischwolf lassen. Wenn ihr keinen Fleischwolf habt, könnt ihr das geschälte Gemüse grob

Tipp

Wir lieben Knoblauch und geben in unseren Ajvar auch, je nach Geschmack, die ein oder andere gepresste Knoblauchzehe hinzu … Passt perfekt zu Kartoffeln, Ofengemüse allgemein, Steaks, Cevapcici oder lässig als Brotaufstrich. Lasst es euch schmecken!

Für eine leckere Abwandlung dieses Dips einfach etwas Feta mit einer Gabel zerdrücken und mit dem Ajvar vermischen oder im Mixer kurz gemeinsam pürieren.

klein schneiden oder hacken. Im Mixer darf es nicht zu Püree werden, da klassischer Ajvar eine teils »fleischige« Konsistenz aufweisen sollte. Nun in einem großen Topf Öl und Zucker erhitzen, die Essenz dazugeben und 2–3 Minuten wirken lassen. Die Essenz verliert somit ihre anfänglich starke Säure. Paprika, Auberginen und Salz hineingeben und unter ständigem Rühren 1–1,5 Stunden auf kleiner Flamme ziehen lassen. Salz nach Geschmack hinzugeben. Wenn der Ajvar fertig ist, diesen in leicht vorgewärmte Gläser füllen, mit etwas Öl abdecken und gut verschließen.

Pur und ohne Zusätze

So viele Variationen wie es Obstsorten gibt ... und noch viel mehr. Marmeladen, Konfitüren, Käsebegleiter. Der Begleiter selbst steht nicht zwingend im Mittelpunkt. Es gibt noch das zu begleitende Brot oder den zu begleitenden Käse, ob jung oder alt, mild, herzhaft oder kräftig. Das Herzstück? Wir glauben, es ist die perfekte Kombination aller Protagonisten, die die Variation zu etwas Besonderem macht.

Dort, wo es geht, reduzieren wir unseren Zucker gerne. Probiert es einfach aus und entscheidet selbst, ob euch die Marmelade oder Konfitüre nicht süß genug schmeckt. Gelierzucker ist uns grundsätzlich zu süß. Am liebsten verwenden wir ein Verhältnis zwischen Früchten und Zucker, das gegen 4:1 oder 3:1 geht. Es kommt immer auf den Zuckergehalt und Reifegrad der Früchte an. Wenn ihr Gelierzucker verwendet, achtet darauf, dass es sich um Bio-Gelierzucker handelt, welcher lediglich aus Rohrohrzucker und Pektin besteht. Handelsüblicher Gelierzucker enthält oft noch Zitronensäure und andere Stabilisatoren. Der Saft der Zitrone erfüllt denselben Zweck und ist dazu einfach natürlicher. Die Apfelschale enthält das zur Verdickung notwendige Pektin. So könnt ihr euch sicher sein, keine chemisch oder physikalisch aufbereiteten Zutaten zu verwenden. Und unserer Meinung nach, muss eine Marmelade, Konfitüre oder ein Chutney nicht immer zwingend eine feste oder geleeartige Konsistenz aufweisen. Wie bei allem ist auch hier die wichtigste Zutat wieder ZEIT.

Viel Spaß beim Ausprobieren!

Pfirsichkonfitüre

Für 6–10 Gläser (je 230–350 ml)
2,5 kg reife Pfirsiche
300–350 g Rohrohrzucker je kg Fruchtmasse (Pfirsiche entkernt)
Apfelschalen von 2 Äpfeln
Saft einer Zitrone

Zubereitung
Pfirsiche entkernen, eventuell vorhandene kleine Macken entfernen und klein schneiden. Die klein geschnittenen Pfirsiche in einen Topf geben, den Zucker hinzufügen und auf kleiner Flamme unter ständigem Umrühren zum Köcheln bringen. Apfelschalen dazugeben und ca. 15–25 Minuten kochen lassen. Dabei immer wieder Umrühren. Zum Abschluss die Apfelschalen herausnehmen und den Zitronensaft unterrühren.
Nun könnt ihr die Konfitüre in vorher abgekochte Gläser füllen und gut verschließen.

Tipp

Ein frisches Croissant mit intensivem Olivenöl beträufeln und mit der Konfitüre bestreichen. Einfach lecker und hocharomatisch!

Pflaumenkonfitüre

Für 6–10 Gläser (je 230–350 ml)

2,5 kg Pflaumen
400–450 g Rohrohrzucker je kg Fruchtmasse (entkernt)
Saft einer Zitrone

Zubereitung

Pflaumen entkernen, sehr klein schneiden und mit dem Zucker in einen Topf geben. Die Masse langsam aufkochen und unter ständigem Rühren auf kleiner Flamme ca. 1 Stunde köcheln lassen. Abschließend den Zitronensaft unterrühren und in die vorbereiteten abgekochten Gläser füllen. Mit dem Deckel gut verschließen.

Wenn die Blätter fallen

Der Herbst hält Einzug, sobald die Tage wieder wesentlich kürzer werden und die Temperaturen stetig sinken. Auf dem Höhepunkt ihrer Fruchtbarkeit verlangsamt die Natur ihr Tempo. Sie wechselt zu einem gemächlicheren Rhythmus und stößt ab oder lässt verwelken, was sie nicht mehr braucht. Aus saftigem Grün wird Gelb, Rot und dann Braun. Die Äcker sind größtenteils abgeerntet. Dennoch gibt es von Ende September bis zum Jahreswechsel noch viel nahrhaftes Wurzelgemüse, Salate, Knollen, Rüben und Kohl. Zum Ende der dritten Jahreszeit kann auch wieder einiges gelagert werden und uns somit über den nahenden Winter mit wichtigen Nährstoffen versorgen.

Freiland und Gewächshaus

Äpfel, Birnen, Blattsalate, Blumenkohl, Brokkoli, Feldsalat, Fenchel, Filder Spitzkraut, Haselnüsse, Kartoffeln, Kohlrabi, Kürbis, Lauch, Mangold, Möhren, Pastinaken, Petersilienwurzel, Quitten, Radicchio, Rettich, Rosenkohl, Rote Bete, Rotkohl, Schwarzwurzel, Sellerie, Spinat, Steckrübe, Steinpilze, Topinambur, Walnüsse, Weißkohl, Wirsing, Zwiebel, ab November noch Chicorée, Grünkohl

Gelagert

(ab Dezember) Äpfel, Kartoffeln, Kohlrabi, Kürbis, Möhren, Rettich, Rote Bete, Rotkohl, Sellerieknolle, Zwiebeln

»Pierogi« – polnische Teigtaschen mit Steinpilzen und Zwiebeln

Für ca. 40 Pierogi

für den Teig
300 g Weizenmehl Typ 450
(kann auch Dinkelmehl sein)
1 Prise Salz
125 ml warmes Wasser

für die Füllung
500 g getrocknete oder frische Steinpilze
2 große Zwiebeln
etwas Olivenöl
Salz und Pfeffer

Zubereitung

Für den Teig das Mehl durchsieben. In einem Topf die Butter bzw. das Öl leicht erhitzen. Nun nacheinander die warme Butter bzw. das warme Öl, das warme Wasser und die Prise Salz mit dem Mehl verrühren und dann mit den Händen ca. 15 Minuten kneten, bis ein weicher, elastischer Teig entsteht. Damit die Teigmenge nicht austrocknet, könnt ihr diese aufteilen und erst einmal die erste Hälfte dünn ausrollen. Die zweite Hälfte bis zum weiteren Gebrauch zugedeckt ruhen lassen.

In der Zwischenzeit die Zwiebeln ganz fein schneiden und mit den frischen, klein gehackten Steinpilzen in einer Pfanne im Olivenöl ca. 10 Minuten anschmoren und abschließend mit Salz und Pfeffer abschmecken.

Solltet ihr getrocknete Pilze verwenden, diese bitte auf kleiner Flamme in heißem Wasser (ca. 700 ml) oder etwas Brühe weich köcheln (ca. 15 Minuten) und danach fein schneiden. Die Zwiebel-Pilz-Mischung abkühlen lassen.
Mit einem Glas (Durchmesser 8–10 cm) können nun aus dem ausgerollten Teig Kreise ausgestochen werden. Zum Füllen nun einen Kreis auf die Hand legen, einen TL der Füllung mittig platzieren, die obere sowie untere Seite nach oben klappen, mit Daumen und Zeigefinger der anderen Hand halten und fixieren und anschließend den Halbkreis von links und/oder rechts mit Daumen und Zeigefinger der ursprünglichen Hand verschließen, indem die Teigenden in kleinen Abständen aneinandergedrückt werden und so die Füllung gut im Teigmantel verschlossen bleibt.
Die geformten Pierogi nun nacheinander in einen Topf mit kochendem Salzwasser geben, ca. 5–6 Minuten köcheln lassen, bis die Teigtaschen an die Oberfläche steigen und dann mit einem Sieb- oder Schaumlöffel aus dem Wasser heben. Fertig sind die polnischen Teigtaschen.
Smacznego! Guten Appetit!

Tipp

- → Die gekochten Pierogi kann man mit etwas zerlassener Butter und frisch gehackter Petersilie servieren.
- → Wenn ihr getrocknete Pilze verwendet habt und diese in etwas Brühe weichkocht, könnt ihr den Sud anschließend dazu benutzen, eine Pilzsuppe (mit Pierogi) oder eine Pilzsauce (für die Pierogi) zu kreieren. Für die Suppe den Sud aufkochen und vom Herd nehmen. 200 ml Sahne in ein großes Glas geben und mit etwas von dem gekochten Sud vermischen, damit sich anschließend keine Klümpchen bilden.
- → Die Sahneflüssigkeit nun dem gekochten Sud beigeben, vermischen und noch 5 Minuten köcheln lassen. Pierogi dazugeben. Fertig ist die Pierogi-Suppe.
- → Für die Variante mit der Pilzsauce gilt das gleiche Vorgehen. Lediglich beim Aufkochen des Sahne-Pilzsud-Gemischs noch einen EL Mehl dazugeben, um die Sauce einzudicken. Fertig köcheln lassen und auf die Pierogi geben. Lecker!
- → Ebenfalls typisch anstatt herzhaften Pierogi sind auch süße Füllungen, wie z.B. mit Heidelbeeren oder anderen Früchten. Für jeden ist etwas dabei.

Probiert es aus!

Brokkoli auf Blattsalaten mit Birne und Walnüssen

Für 2 Personen

Blätter vom Gartensalat, eine oder mehrere Sorten (z.B. Lollo Rosso, Endivie, Radicchio, Feldsalat und Kopfsalat etc.), gerne auch Spinat

2 kleine Möhren

1 kleiner Brokkoli

1 Birne

1 große Handvoll Walnüsse

Dressing (siehe S. 56)

Zubereitung

Salatblätter gut waschen und trockentupfen. Anschließend kleingepflückt in eine Schüssel geben. Kleine Brokkoliröschen kurz (4–5 Minuten) aufkochen, damit sie bissfest bleiben, absieben, mit kaltem Wasser abspülen und hinzufügen. Die Möhre in längliche dünne Scheiben schneiden/schälen und dazugeben. Dressing darübergießen und alles gut vermischen. Mit Walnüssen garnieren. Fertig ist der knackige Herbstsalat!

Rote Bete-Mandarinen-Topinambur Carpaccio

Für 2 Personen

2 mittelgroße Rote Bete-Knollen
4–5 Topinambur-Knollen
2 Mandarinen oder
wahlweise 1 Orange
1 Handvoll Walnüsse
1 kleine rote Zwiebel
2 EL Akazienhonig
Olivenöl
Salz und Pfeffer

Zubereitung

Rote Bete und Topinambur schälen und getrennt voneinander kochen, bis diese weich, aber bissfest sind. Danach abkühlen lassen und in dünne Scheiben schneiden. Mandarinen (Orange) schälen und ebenfalls in dünne Scheiben schneiden. Alles abwechselnd in Reihen auf einem Teller anrichten, etwas Salz und Pfeffer darüberstreuen und mit Olivenöl beträufeln. Die Walnüsse in einer Pfanne kurz anrösten, den Akazienhonig hinzufügen und kurz karamellisieren. Die karamellisierten Walnüsse als Topping über das Carpaccio geben und abschließend die fein gehackte Zwiebel darauf verteilen.
Fertig ist der etwas andere spätherbstliche Salat!

Herzhaft und alternativlos

Fleisch oder kein Fleisch? Das sollte nicht die Frage sein. Sehr viel seltener darf es auf den Tisch kommen, aber dafür qualitativ umso hochwertiger sein. Das Tierwohl, insbesondere Aufzucht, Haltung, Fütterung und Schlachtung sollten biologisch, artgerecht, regional und handwerklich sein.

Kalbsleber mit Röstzwiebeln, Apfelscheiben und Kartoffelpüree

Für 2 Personen

2 Stück Kalbsleber
etwas Dinkelmehl (verhindert, dass die Leber zu trocken wird)
Butter
Salz und Pfeffer
3 mittelgroße Zwiebeln
Olivenöl
1 Apfel
1 TL Zucker
4–5 mittlere Kartoffeln
80–100 ml Milch
1 Prise Muskatnuss

Zubereitung

Die Leber leicht mehlieren. Zwiebeln halbieren, quer in Streifen schneiden und anschließend in etwas Olivenöl goldbraun braten.
Die Kartoffeln schälen, weichkochen, Wasser wegschütten, zu einem Brei stampfen und anschließend mit der Milch aufkochen und mit dem Quirl zu Püree rühren. Zum Abschluss mit der Muskatnuss würzen und mit etwas Salz abschmecken.
Den Apfel entkernen und in feine Scheiben schneiden. Die Apfelscheiben in etwas Butter in einer Pfanne von beiden Seiten anbraten und mit dem Zucker karamellisieren.
Jetzt die mehlierte Leber in einer Pfanne und etwas Butter von beiden Seiten braten, bis diese gar ist. Die Leber auf einen Teller geben, Apfelscheiben drauflegen und die Zwiebeln darüber verteilen. Das Kartoffelpüree daneben drapieren, fertig! Lasst es euch schmecken!

Backofengemüse (mit allem, was so da ist)

Für 4 Personen

4 mittelgroße Kartoffeln
2 Rote Beten
4 Karotten
1 Wurzelpetersilie
1 Pastinake
3 Zwiebeln
2 Knoblauchknollen, ...
Olivenöl
Kräutersalz
Pfeffer
Oregano, Thymian, Rosmarin und Majoran

Zubereitung

Gemüse bei Bedarf schälen und klein schneiden. Kartoffeln vierteln, Rote Bete, Zwiebeln und Knoblauchknolle halbieren, den Rest längs und dann in kleine Stücke (3–5 cm) schneiden.

Alles in einer Schüssel mit ausreichend Olivenöl vermischen und anschließend auf dem Backblech verteilen. Die getrockneten Kräuter/Gewürze darüberstreuen.

Frische Kräuter einfach drüberlegen oder untermischen. Alles bei 180 Grad Ober-/Unterhitze im vorgeheizten Backofen für 30–45 Minuten belassen, bis alles gar ist. Einfach und so lecker!

Tipp

Bevor ihr das Blech in den Ofen stellt, noch etwas Honig über das Gemüse träufeln. Schmeckt wahnsinnig intensiv und äußerst aromatisch!

Flüssig und nahrhaft

Suppen und Eintöpfe sind nicht nur in der kalten Jahreszeit ein Gedicht. Es gibt unfassbar viele Variationen und Möglichkeiten. Für jeden Geschmack ist mit Sicherheit etwas dabei. Ob im großen Vorratstopf oder für die große Runde – Genuss und Geselligkeit sind vorprogrammiert.

Salzgurkensuppe (trad. polnische Art)

Für ca. 2 Personen (oder 4 Personen als Vorspeise)

1 l Gemüsebrühe (siehe S. 106)
3 große saure Gurken (auch Salzgurken)*
2 Kartoffeln
2 Karotten
1 Petersilienwurzel
100 g Sahne
Pfeffer

Zubereitung

Im Vorfeld die Kartoffeln, Karotten sowie die Petersilienwurzel schälen, klein würfeln und in einem Topf mit Salzwasser bissfest kochen.

In einem zweiten Topf die Gemüsebrühe kurz aufkochen. Die Gurken grob reiben, in die kochende Gemüsebrühe hineingeben und ca. 10 Minuten auf kleiner Flamme köcheln lassen.

Die Gurkensuppe vom Herd nehmen, das bissfest gekochte Gemüse hineingeben, mit der Sahne unter ständigem Rühren verfeinern und anschließend noch einmal kurz aufkochen lassen. Mit dem Pfeffer abschmecken. In Suppenteller schöpfen, falls es noch Dill geben sollte, mit diesem dekorieren und schmecken lassen!

**Im Gegensatz zu eingelegten Gewürzgurken sind Salzgurken, welche auch als saure Gurken bekannt sind, durch Milchsäuregärung haltbar gemacht. Diese sind heute im östlichen Europa und Russland verbreitet. Ihr bekommt sie im gut sortierten Bauernladen, in Biomärkten oder im Internet.*

... und noch eine kleine Geschichte

Polen, Herbst 1990. Wie mehrmals die Woche bin ich auch an diesem sonnigen Herbsttag mit meiner älteren Schwester Anna und zwei meiner Cousinen auf dem Hof meiner Großeltern zu Besuch. Jedes Mal gibt es hier vieles zu entdecken und zu erleben: Zuerst jagen wir den zahlreichen Hühnern hinterher, die kurz vorher noch friedlich herumpickend, jetzt aufgescheucht durch die Reihen der Kürbisse und verschiedenen Kohlsorten hetzen. Wir streicheln die beiden Kaninchen und füttern sie mit etwas Grünzeug von Omas Küchentisch. Agnieszka, die älteste und erfahrenste der drei Ziegen, lässt sich durch nichts aus der Ruhe bringen und setzt ihren gemütlichen Spaziergang durch den großen Garten fort. Sie findet hier und da noch etwas Grünes zum Zupfen und Kauen und inspiziert weiter ihr Terrain. Die Kartoffeln sind bereits geerntet und die Walnüsse liegen noch zum Trocknen ausgebreitet in der aufgewärmten Scheune.

Unser liebstes Spiel ist unser »Marktladen«, in dem das über den Sommer geerntete Gemüse in den unzähligen Weck- und Einmachgläsern in den hohen Regalen des gemauerten Lagerschuppens thront. Die Kartoffelsäcke lehnen lässig an der Wand und mit wenigen Holzkisten ist die improvisierte Verkaufstheke schnell aufgebaut. Mit Walnüssen als Zahlungsmittel wechseln diverse Gläser den Besitzer. Hier und da werden auch mal ein paar Kartoffeln in Papiertüten gepackt und über den Tresen gereicht. Nach Ladenschluss räumen wir alles fein säuberlich auf und begleiten Opa zum Hühnerhaus. Dort staunen wir darüber, wie folgsam sich das Federvieh um unseren Großvater herumversammelt. Der Höhepunkt des Tages ist jedoch der Augenblick, wenn wir alle zu Oma in die Küche kommen und den Duft der dampfenden Gurkensuppe einatmen, der die ganze Küche erfüllt.

Zusätzlich liegt ein Hauch der kürzlich gemolkenen Ziegenmilch in der Luft und das Aroma des frischgebackenen Hefezopfs umschmeichelt unsere roten Bäckchen. Wir Kinder sind erschöpft, aber sehr glücklich.

Wenn wir heutzutage in Polen sind, weiß Nikitas immer, an was ich denke, wenn ich abwesend, aber glücklich in der Küche stehe. Er drückt mich dann zärtlich und lässt mich allein mit meinen Erinnerungen, indem er mit meiner Schwester durch den Garten geht. Zwar sind Oma und Opa inzwischen leider nicht mehr da, auch die Hühner und Ziegen gibt es nicht mehr, aber nach wie vor bin ich immer noch sehr dankbar für dieses wundervolle Fleckchen Erde.

Gut zu wissen

Fermentieren eigener Salzgurken

Wer mag, kann die Salzgurken für dieses Gericht bereits im Sommer mittels Fermentation selber herstellen. Hierfür benötigt man lediglich wenige Zutaten und etwas Zeit. Das Wichtigste jedoch ist, wie auch beim Einmachen oder Einkochen, das sterile und saubere Arbeiten.

Für ein Glas (1 l)

6–10 kleine bis mittelgroße Landgurken
½ kleine Karotte
5–6 cm einer Meerrettichwurzel
1 Knoblauchzehe
4–5 Dillstängel
etwas Dillblüten

für den Sud (reicht für 2 Gläser)
1 l Wasser
3 EL Meersalz (45–50 g)
1 Lorbeerblatt
2 Pimentkörner
1 EL Dillsamen
3–4 Pfefferkörner

Zubereitung

Zuerst die Gurkenstängel abschneiden und die Gurken sehr gut mit kaltem Wasser waschen. Anschließend die Gurken für ca. 1 Stunde in kaltem Wasser ruhen lassen, damit diese schön knackig bleiben. Die Gurken aus dem Wasser nehmen und trocken tupfen.

In einem Topf das Wasser mit den anderen Zutaten für den Sud vermischen und kurz zum Kochen bringen. Sobald der Sud aufkocht, den Topf vom Herd nehmen und für ca. 10 Minuten abkühlen lassen. In dieser Zeit die halbe Karotte schälen und in Scheiben schneiden. Diese gemeinsam mit der Knoblauchzehe und dem geschälten, längs geviertelten Stück Meerrettichwurzel in das saubere Glas geben. Nun die Gurken eng auf eng in das Glas platzieren und dazwischen die Dillstängel sowie die Dillblüten hineinquetschen, um daraufhin den noch sehr warmen (aber nicht mehr heißen) Sud vorsichtig bis zum Rand in das Glas zu gießen. Das Glas mit dem Deckel gut verschließen und in der dunklen Speisekammer ruhen lassen.

Nach 3 Tagen könnt ihr die eigenen fermentierten Salzgurken bereits verwenden oder zum Aufbewahren in den kühlen Keller bzw. in den Kühlschrank stellen.

Somit werden die Salzgurken für etwa 1 Jahr haltbar gemacht, während die Fermentation durch die Kälte stark verlangsamt wird.

Apfel-Walnuss-Kuchen

Für eine runde Backform (Ø ca. 25 cm)

4–5 große Äpfel
1 Handvoll (oder etwas mehr) Walnüsse
300 g Dinkelmehl
150 g (1 mittelgroße Tasse) Rohrohrzucker (oder wahlweise 3 EL Honig, z.B. Akazienhonig)
3 Eier
100 ml Olivenöl
2–3 EL Kakao
2 TL Natron

Zubereitung

Äpfel schälen und entkernen, grob würfeln und in eine große Schüssel geben. Den Zucker hinzugeben, verrühren und 30 Minuten stehen lassen. Das entzieht den Äpfeln den Saft und der Kuchen wird dadurch feuchter. Währenddessen das Mehl in eine andere Schüssel sieben. Das Natron und den Kakao dazugeben und alles vermischen. Die Eier hineinschlagen und mit dem Olivenöl unterrühren. Jetzt die gezuckerten Äpfel mit deren Saft und die zerstoßenen Walnüsse untermischen. Alles sehr gut verrühren. Nun die Masse in eine mit Öl eingefettete runde Kuchenform geben. Den Backofen auf 150 Grad Ober- und Unterhitze vorheizen. Die Kuchenform auf die mittlere Schiene stellen und die Temperatur auf 190 Grad erhöhen. Ca. 40 Minuten backen und anschließend noch 5 Minuten im ausgeschalteten Ofen ruhen lassen. Dabei die Backofentür leicht geöffnet lassen.

Tipp

Für die Winterversion des Kuchens könnt ihr gerne noch etwas Zimt zur Apfel-Zucker-Mischung dazugeben.

Unter einer weißen Decke

Mit der längsten Nacht und Dunkelheit hat der Winter begonnen. Sobald der erste Schnee fällt, die Temperaturen wieder frostig werden und die Erde gefriert, zieht sich die Natur zurück. Sie wechselt in einen ruhigen Schlaf und fährt alle Kräfte auf ein Minimalniveau herunter. Es gibt noch Wurzelgemüse, Rüben, Kohl und etwas Salat. Jetzt zahlt sich aus, was im Sommer und Herbst üppig geerntet, eingemacht, fermentiert und getrocknet wurde. Es wird ruhiger und leiser.

Der Kreislauf endet und die Natur schont sich, damit sie im März wieder erwacht und ein neuer Kreislauf beginnen kann.

Freiland und Gewächshaus

Chicorée, Feldsalat, Grünkohl, Lauch, Maroni, Pastinaken, Petersilienwurzel, Rosenkohl, Schwarzwurzel, Steckrübe, Topinambur, Wirsing, ab März noch Rucola und Spinat

Gelagert

(bis in den Januar) Äpfel, Kartoffeln, Kohlrabi, Kürbis, Rettich, Zwiebeln.

(bis in den März) Möhren, Pastinaken, Petersilienwurzel, Rote Bete, Rotkohl, Schwarzwurzel, Sellerieknolle

»Surówka« – polnischer Sauerkrautsalat

Für 3–4 Personen

400 g Sauerkraut
2 Karotten
1 kleine Zwiebel (wahlweise und/oder Lauch)
1 Apfel
1 TL frisch gemahlener Pfeffer
jeweils 1 Prise Salz und Rohrohrzucker
ordentlich Olivenöl

Zubereitung

Sauerkraut im Sieb abtropfen lassen. Falls noch zu sauer, anschließend gerne kurz mit kaltem Wasser abspülen. Das Kraut mit einem Messer grob zerhacken und in eine Schüssel geben. Karotten und Apfel grob reiben, die Zwiebel klein würfeln und dazugeben. Den Rohrohrzucker hinzufügen und alles miteinander verrühren. Salzen, pfeffern und mit dem Olivenöl abschließend gut vermischen.

Tipp

Vor dem Servieren mindesten eine halbe Stunde im Kühlschrank ziehen lassen ...
Wir lieben Olivenöl und verwenden es fast immer und überall.
Diese polnische »Surówka« erhält dadurch ihren mediterranen Touch!

Orientalisches Hähnchenbrustfilet in Granatapfelsauce mit Reis

Für 4 Personen

4x 250 g Hähnchenbrustfilet
400 ml Granatapfelsaft (Direktsaft)
etwa 25 g Rohrohrzucker
2 rote Zwiebeln
2 Knoblauchzehen
2 EL Tomatenmark
Olivenöl
1 TL Kurkuma, 1 TL Zimt, gemahlen
¼ TL geriebene Muskatnuss
¼ TL Piment, gemahlen
Salz und frisch gemahlener Pfeffer

für die Beilage

250 g Basmatireis
1 rote Zwiebel
Olivenöl
400 ml Gemüsebrühe
1 TL Kurkuma
Minze, Walnüsse und Granatapfelkerne für die Dekoration

Zubereitung

Für die Zubereitung der Hähnchenbrust bitte alle Gewürze in einen tiefen Teller geben und mischen. Das Fleisch abspülen, abtrocknen und mit der Gewürzmischung einreiben. Etwa eine halbe Stunde stehen lassen. In einem kleinen Topf den Granatapfelsaft mit dem Rohrohrzucker kurz aufkochen und bei mittlerer Hitze 5 Minuten köcheln lassen, anschlie-

ßend beiseitestellen. Die beiden Zwiebeln schälen, achteln und in einem großen Topf mit dem Olivenöl andünsten. Das Tomatenmark unterrühren und die halbierten Knoblauchzehen dazugeben. Kurz weiterdünsten und danach den zur Seite gestellten Granatapfelsaft hineingießen. Umrühren, die marinierten Hähnchenbrustfilets vorsichtig hineingeben und zugedeckt bei kleinerer Hitze ca. 1 Stunde schmoren lassen.
Währenddessen bereiten wir nun den Reis vor. Hierfür die Zwiebel schälen, in kleine Würfel schneiden und in dem Olivenöl andünsten. Den in kaltem Wasser gründlich gewaschenen Reis dazugeben und das Kurkuma unterrühren. Nun den Reis mit der heißen Gemüsebrühe aufgießen, sodass dieser etwa zu 3 cm von der Brühe bedeckt ist. Zugedeckt auf kleinster Flamme ca. 20 Minuten köcheln und anschließend noch 10 Minuten quellen lassen.
Den fertigen Reis in kleine Tassen drücken, zum Servieren auf den Teller stürzen und mit dem Hähnchen hübsch anrichten. Die Sauce über die Filets gießen und mit den Minzblättern, den Walnüssen sowie den Granatapfelkernen dekorieren. Bon Appétit!

Einfach und ohne Kompromisse

Es ist gar nicht so schwierig, vegetarisch oder vegan zu kochen. Und besonders ist es auch nicht. Die Menschen verschiedener Epochen und Kulturen ernährten sich bereits vegetarisch oder auch vegan, lange bevor es in unserem Zeitalter zum Trend wurde. Fleisch war und ist in manchen Ländern immer noch Mangelware oder zu teuer. Ob nun aus Gründen der Überzeugung, des Tierwohls oder aus gesundheitlichen Aspekten – vegetarisch/vegan ist nichts Neues, aber unglaublich vielfältig und abwechslungsreich.

Sauerkraut mit Kartoffeln

Für 4 Personen

500 g Sauerkraut
3 EL Tomatenmark
2 EL Butter
ca. 300 ml Gemüsebrühe
4–5 Pimentkerne
3 Lorbeerblätter
10 Pfefferkörner, schwarz
8 mittelgroße Kartoffeln

Zubereitung

Sauerkraut kurz absieben und möglichst viel Flüssigkeit ausdrücken. Danach das Kraut in einem Topf unter Rühren kurz aufkochen/erhitzen. Mit der heißen Brühe übergießen, Pfefferkörner, Lorbeer und Piment hineingeben und mit aufgesetztem Deckel 10 Minuten köcheln lassen. Anschließend noch ohne Deckel ungefähr 5 Minuten weiterkochen. Das Tomatenmark unterrühren und weitere 15 Minuten ohne Deckel köcheln lassen. Bei Bedarf mit etwas Brühe aufgießen, um die cremige Konsistenz beizubehalten. Zum Schluss mit der Butter verfeinern und weitere 5 Minuten zu Ende kochen. In der Zwischenzeit die längs halbierten Kartoffeln ca. 15–20 Minuten in Salzwasser aufkochen.

Sauerkraut und Kartoffeln auf den Tellern schön anrichten und schmecken lassen! Für die kalten Monate einfach köstlich.

Tipp

Aus den Salzkartoffeln einfach Kartoffelstampf herstellen. Dafür die Kartoffeln nach dem Kochen in noch wenig Flüssigkeit zerstampfen, etwas Butter (optional ein bisschen Milch) dazugeben und Muskatnuss unterrühren.

Wirsingwickel

Für 2–4 Personen

1 Wirsingkohl
1 Tasse Reis
1 Zwiebel
1 Knoblauchzehe
2 Karotten
1 Pastinake
Olivenöl
2 TL Tomatenmark
Salz und Pfeffer
1 TL Paprikapulver, edelsüß
Oregano
Majoran
etwas Gemüsebrühe (Pulver)

Zubereitung

Die einzelnen Wirsingblätter vorsichtig vom Kopf trennen und in einem großen Topf in reichlich kochendem Wasser jeweils wenige Minuten blanchieren. Aus dem Wasser herausnehmen, gut abtropfen lassen und die dickeren Stiele der größeren Blätter etwas andrücken oder längs mit einem Messer einritzen (damit diese sich besser wickeln lassen).
In einer großen Pfanne die Zwiebel mit der Knoblauchzehe in dem Olivenöl kurz anbraten, die klein geschnittenen Karotten und die Pastinake dazugeben, das Tomatenmark hinzufügen und alles umrühren. Mit etwas Wasser ablöschen, das Brühpulver (oder etwas frische Gemüsebrühe), Salz, Pfeffer, Paprikapulver, Oregano und Majoran sowie den gewaschenen Reis hineingeben und kurz köcheln lassen, bis es eine sämige Masse ergibt.Das Wirsingblatt mit dem Stiel nach unten auf die Ablage legen, etwas Füllung in die Mitte geben und zuerst die untere Seite mit dem Stiel nach oben klappen. Anschließend vorsichtig die beiden Seiten (links und rechts) einklappen und zum Schluss die obere

Seite hinunterklappen. Den Wickel in die Hand nehmen und umgedreht in den mit wenigen Wirsingblättern ausgelegten Topf geben. Nach und nach mit den anderen Blättern so verfahren und die Wickel vorsichtig im Topf aufeinanderstapeln und platzieren. Zum Schluss noch ein paar von den nicht benötigten, kleineren Blättern auf die Wickel legen und den Topf zu ¾ mit Wasser füllen, sodass die Wickel nicht ganz mit dem Wasser bedeckt sind. Kurz aufkochen und den Topf für 45 Minuten in den vorgeheizten Backofen geben (mittlere Schiene, Ober- und Unterhitze, 180 Grad).

Wenn die Wickel gar sind, aus dem Wasser heben und auf den Tellern anrichten.

Rote Bete-Kartoffel-Orangen-Crème-Suppe

Für ca. 2 Personen
(oder 4 Personen als Vorspeise)

2 mittelgroße Rote Beten
3 Kartoffeln
frisch gepresster Saft einer Orange
1 l Gemüsebrühe (siehe S. 106)
Pfeffer
100 g Sahne

Zubereitung

Rote Beten und Kartoffeln schälen und in Würfel schneiden. Gemüsebrühe aufkochen, die Gemüsewürfel hineingeben und 15–20 Minuten köcheln lassen, bis die Würfel weich sind. Den Topf vom Herd nehmen und das Gemüse mit dem Stabmixer pürieren. Anschließend den Orangensaft und die Sahne in die Suppe gießen, verrühren und noch 5 Minuten auf kleiner Flamme kochen lassen.
Die Suppe in Suppenteller schöpfen und heiß servieren. Bei Bedarf und je nach Wunsch mit Pfeffer abschmecken.

Hefezopf mit getrockneten Feigen & Mandeln

Zutaten

400 g Dinkelmehl (Typ 630)
½ Block Frischhefe (21 g)
200 ml Milch (alternativ Hafer- oder Mandelmilch)
50 g weiche Butter (bei Bedarf pflanzliche Margarine)
30 g Rohrohrzucker
4 große getrocknete Feigen
2 getrocknete Pflaumen
100 g Mandeln
eine Prise Salz

Zubereitung

Die Milch aufwärmen und die Hefe hineinbröseln. Umrühren, bis die Hefe sich aufgelöst hat und den Zucker dazugeben. Das Mehl in eine Schüssel sieben, die Flüssigkeit hineinschütten, die Butter dazugeben und alles mit der Hand durchkneten. Die Schüssel nun für ca. 30 Minuten an einen warmen Ort stellen. Die Masse sollte sich nach dieser Zeit etwa verdoppeln.

In der Zwischenzeit Feigen, Pflaumen und Mandeln klein hacken. Die zerhackten Trockenfrüchte und Nüsse dem Teig beigeben und alles auf einer bemehlten Arbeitsfläche gut durchkneten. Falls der Teig zu feucht ist, könnt ihr noch etwas Mehl hinzugeben. Dann den Teig in drei gleich große Teile teilen. Die Teile jeweils zu Strängen formen und diese anschließend zum Zopf flechten. Der geflochtene Zopf kann jetzt noch einmal 30 Minuten ruhen. Wer mag, kann noch etwas zerhackte Mandeln auf den fertigen Zopf streuen. Zum Schluss den Zopf auf das mit Backpapier (bei Bedarf noch etwas Mehl auf dem Backpapier verteilen) belegte Backblech legen und bei 190 Grad für ca. 30–40 Minuten in den vorgeheizten Backofen geben.

Orangenmarmelade

Für 5–8 Gläser (je 230–350 ml)

4 kg reife Orangen (ergeben ca. 1,8–2,2 kg Frucht)
300 g Rohrohrzucker je kg Fruchtmasse (geschält, gehäutet)
Schale von 2 Äpfeln
Saft einer halben Zitrone

Zubereitung

Die Orangen schälen und die einzelnen Stücke mit den Fingern voneinander trennen. Nun die einzelnen Stücke häuten und so gut es geht von der weißen Haut befreien. Die gehäuteten Orangenstücke vorsichtig grob in eine Schüssel reiben. Bei den Schalen von 2 Orangen vorsichtig mit einem Messer die äußere Haut leicht abkratzen, damit das Öl aus der Schale entweicht. Die weiße Haut von den Innenseiten so gut es geht entfernen, damit es nicht zu bitter wird. Anschließend die so bearbeiteten Schalen in sehr kleine Würfel schneiden und diese ca. 20 Minuten in heißem Wasser weichkochen und danach absieben.

Die geriebenen Orangen in einen Topf geben und mit dem Zucker aufkochen. Die Schale der Äpfel

Tipp

Winter ist Orangenzeit! Bitte hierfür unbehandelte Bio-Orangen verwenden, die ihr auf dem Markt gekauft oder direkt vom Erzeuger bestellt habt.

in größeren Streifen hinzugeben und schließlich noch die gekochten Orangenschalenstückchen mitkochen. Alles bei ständigem Rühren ca. 15–20 Minuten auf kleiner Flamme weiterköcheln lassen. Abschließend die Apfelschalen herausnehmen und den Zitronensaft unterrühren. Die Marmelade kann nun in abgekochte (sterilisierte) Gläser gefüllt werden. Den Deckel gut verschließen und ihr habt den Geschmack des Südens für euch konserviert!

Streicheleinheiten für die Seele

Für Süßes gibt es immer einen zweiten Magen. Egal, wie umfangreich und ausgiebig Vor- und Hauptmahlzeit ausfallen, meistens passt ein Dessert auch noch hinein. Und falls nicht, dann machen wir es eben zum Hauptgang, denn was der Seele guttut, kann dem Körper nicht schaden. Zumindest in Maßen. Genießt es!

»Koulourakia« – griechische Kringelkekse

Für 2–3 Backbläche (ca. 80–100 Kekse)

½ kg Dinkelmehl und
½ kg Weizenmehl
4 Eier
250 g Butter, sollte weich sein
160 g Rohrohrzucker
Schale einer unbehandelten Orange, gerieben
1 Tasse frisch gepresster Orangensaft
1 Päckchen Backpulver
2 Päckchen Vanillezucker

Zum Einstreichen für die goldgelbe Farbe

1 Eigelb
1 EL Milch

Zubereitung

Die beiden Mehle in eine große Schüssel sieben und das Backpulver untermischen. Die weiche Butter mit den Eiern, dem Zucker sowie dem Vanillezucker in eine zweite Schüssel geben und einige Minuten schaumig rühren. Anschließend die geriebene Orangenschale und den Orangensaft hinzufügen und unterrühren. Jetzt nach und nach die Mehlmischung unterheben, alles ordentlich vermischen und mit der Hand durchkneten, bis die Masse nicht mehr an der Hand kleben

Tipp

Gute Nachricht: Die leckeren Kringelkekse halten sich in einer Keksdose bis zu 6 Monate.

bleibt. Nun die einzelnen Kringel formen. Hierfür bitte den Teig zu einer 1 cm dicken Schlange rollen und in je ca. 18 cm lange Stücke schneiden. Diese dann jeweils zu einem Kreis formen und die Enden leicht zusammendrücken. Die Milch mit einem Eigelb vermischen und die Oberseite der Teiglinge damit einpinseln.

Den Backofen auf 180–200 Grad Ober- und Unterhitze vorheizen. Die Teiglinge auf ein mit Backpapier belegtes Backblech mit etwas Abstand zueinander verteilen und ca. 25 Minuten goldgelb backen. Je nach Größe des Backblechs muss man diese Prozedur zwei- bis dreimal wiederholen, um alle Kringel fertig zu backen.

»Paksimadakia« – griechische Cantuccini

Für ausreichend Kaffeekränzchen

½ kg Dinkelmehl und ½ kg Weizenmehl
4 Eier
250 g Butter, sollte weich sein
160 g Rohrohrzucker
Schale einer unbehandelten Orange, gerieben
1 Tasse frisch gepresster Orangensaft
1 Päckchen Backpulver
2 Päckchen Vanillezucker
ausreichend Sesam

Nach Geschmack:
4–5 Gewürznelken, im Mörser zermahlen
½ TL Zimt

Zubereitung

Beide Mehle in eine große Schüssel sieben und das Backpulver untermischen. Die weiche Butter mit den Eiern, dem Zucker sowie dem Vanillezucker in eine zweite Schüssel geben und einige Minuten schaumig rühren. Anschließend die geriebene Orangenschale und den Orangensaft hinzufügen und unterrühren. Jetzt nach und nach die Mehlmischung unterheben, alles ordentlich vermischen und mit der Hand durchkneten, bis die Masse nicht mehr an der Hand kleben bleibt. Wer mag, kann mit

Tipp

Abkühlen lassen und fertig ist ein leckeres Gebäck, das bei keinem Kaffeekränzchen fehlen sollte!

dem Mehl noch die gemahlenen Nelken und den Zimt untermischen. Hier nun bitte den Teig zu einer 4 cm dicken und etwa 20–25 cm langen Schlange rollen. Sesam in einem Sieb mit Wasser befeuchten und auf einem sauberen Küchentuch länglich verteilen. Die Teigschlangen nacheinander im feuchten Sesam hin und her rollen, damit dieser sich auf der Oberfläche gut verteilt.

Den Backofen auf 180–200 Grad Ober- und Unterhitze vorheizen. Die Schlangen auf ein mit Backpapier belegtes Backblech mit etwas Abstand zueinander verteilen und ca. 20 Minuten goldgelb backen. Das Backblech herausnehmen und die einzelnen Schlangen leicht schräg in ca. 1,5–2 cm dicke Scheiben schneiden. Anschließend die Scheiben auf dem Backblech verteilen und weitere 10–15 Minuten fertig backen.

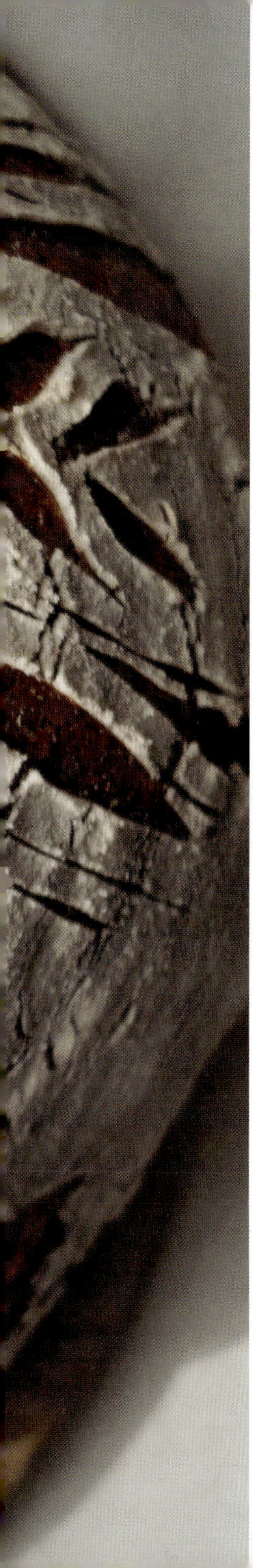

Bäckerglück – Die 5. Jahreszeit

Als eines der ältesten kultivierten Nahrungsmittel ist Brot etwas Besonderes. Verschiedene Variationen gibt es davon bereits seit Tausenden von Jahren in allen Kulturen, Ländern sowie Zivilisationen dieser Erde. Wenige, einfache und reine Zutaten für etwas Wundervolles, das die Menschen eint und verbindet.

Sauerteig – Starterkultur

Vor einigen Jahren haben wir die Kunst des Sauerteigs für uns entdeckt. Seitdem backen wir sehr regelmäßig unser eigenes Sauerteigbrot. Die Sauerteigkultur ist nun mehrere Jahre alt, und wenn man den Starter gut pflegt, braucht man nie wieder einen neuen zu machen. Auch hierzu gibt es sehr viel Literatur, gute Blogs und Beiträge. Es lohnt sich, Verschiedenes auszuprobieren, bis man mit einiger Übung seinen eigenen Weg findet.

Ferner lohnt es sich, stets das beste Mehl zu kaufen. Für die Entwicklung der Mikroorganismen (Milchsäure- und Essigsäurebakterien), die später den Teig sauer werden lassen, spielt die Schale des Korns eine entscheidende Rolle. Deswegen ist es u.a. sinnvoll, ein hochwertiges Bio-Vollkornmehl zu benutzen. Für die Herstellung der Starterkultur ist Roggenmehl anfangs zuverlässiger und einfacher als Weizenmehl. Um ein Gefühl für den Teig zu bekommen, hilft es, eine Digitalwaage zu benutzen.

Für eine Starterkultur

Bio-Roggenvollkornmehl
Wasser

Tag 1 bis 3

30 g Roggenmehl mit 120 ml Wasser (lauwarm) vermischen. In einem großen Schraubglas Wasser und Mehl mit der bloßen Hand vermischen. Für die Luftzirkulation Deckel lose aufsetzen und an einen warmen Ort stellen. Etwas mehr als Raumtemperatur, die 30 Grad sollten jedoch nicht überschritten werden. Nun hängt es von vielen Faktoren ab, bis sich erste Anzeichen von Gärung zeigen. Ab dem zweiten Tag kann man Geruchs- und Geschmacksproben machen. Auch hier gilt: Übung macht den Meister. Nach und nach werdet ihr ein Gefühl dafür entwickeln. Am 3. Tag einen EL Roggenmehl unterrühren.

Tag 4

Am 4. Tag sollte sich in dem Glas etwas tun. Es bilden sich Blasen und man sollte merken, dass durch den Gärprozess Leben in das Glas gehaucht wurde. Nun 60 g Roggenmehl und 120 ml Wasser hineingeben und verrühren. Am Abend sollte der Gärprozess in vollem Gange sein. Wenn die Mischung säuerlich schmeckt und wie ein überreifer Käse stinkt, ist es soweit, dass man fast die ganze Mischung wegwerfen kann. Zurück lässt man ca. 50 g, gibt noch einmal 60 g Roggenmehl und 120 ml Wasser dazu und vermischt alles gut. Wenn der Sauerteig noch nicht vergoren schmeckt und sauer riecht, muss man mit diesem letzten Schritt noch bis zum nächsten Morgen warten.

Tag 5

In diesem letzten Stadium sollte der Sauerteig über Nacht gewachsen sein. Nun füllt er fast das ganze Glas aus und sieht aus wie blasiger Schaum. Jetzt kann man die Sauerteig-Starterkultur zum Backen benutzen oder sie in den Kühlschrank stellen, bis sie soweit ist.

Gut zu wissen

Anfangs sollte man die Starterkultur aus dem Kühlschrank alle 3–4 Tage füttern. Später genügt dieser Schritt alle 1–2 Wochen. Sobald die Kultur mal stabil ist, ist diese so sauer, dass sich keine Bakterien oder Pilze bilden. Nichtsdestotrotz besteht die Gefahr, dass der Sauerteig im Kühlschrank schimmelt oder die Kulturen absterben.
Grundsätzlich füttern wir unsere Kultur jedes Mal, wenn wir ein Brot backen. Die eine Hälfte wird gefüttert und mit der anderen Hälfte impfen wir den Vorteig für das zu backende Brot.

Zum Füttern entnehmen wir die Hälfte der Kultur und vermischen diese mit 2 gehäuften EL Roggenmehl und ca. 30–40 g Wasser (hierfür die Anzeige auf der Waage auf g belassen). Zum Impfen eines Vorteigs entnehmen wir die andere Hälfte der Starterkultur und vermischen diese mit ca. 50 g Roggenmehl und 50 g Wasser. Beide Mischungen kommen in 2 frische Schraubgläser und für 8–10 Stunden in den Backofen (Deckel nur lose auflegen). Hier machen wir nur das Backofenlicht an, welches für uns die ideale Wärme entwickelt (sofern es sich nicht um eine LED-Backofenlampe handelt).

Am nächsten Morgen haben sich beide Mischungen wieder verdoppelt oder verdreifacht und weisen große Blasen auf. Der gefütterte Sauerteig kommt nun wieder in den Kühlschrank (Deckel fest verschließen) und der geimpfte Vorteig kann nun zum Backen verwendet werden.

Bei uns hat es fast 4 Wochen gedauert, bis wir unseren ersten Sauerteig herangezüchtet haben. Dieser ist jetzt über 3 Jahre alt und nach wie vor zuverlässig und triebstark. Die ersten Brote waren klasse, jedoch lernt man bei jedem Brot dazu und die Brote werden immer besser.

Erst nach weiteren Wochen bekommt man ein Gefühl für die einzelnen Schritte wie z.B. den Teig anmischen, formen, gehenlassen, die Zeit im Gärkorb usw. ...

Probiert es aus und findet euren idealen Ablauf sowie Rhythmus. Es ist spannend und macht Spaß!

Denjenigen unter euch, die sich wünschen, dass ihr Sauerteigbrot immer gelingt und schön aufgeht, können wir raten, etwas Hefe hinzuzufügen. Mit etwa 0,5 g Frischhefe pro 100 g Mehl gibt es weitaus weniger Enttäuschungen und ihr verzweifelt definitiv weniger in der Anfangszeit. Wenn ihr jedoch oft genug backt und euer Anstellgut (Sauerteigstarter) gut hegt und pflegt, sollte dieses kraftvoll und triebstark genug sein und euch viele schöne und leckere Brote bescheren!

Tipp

Mit der Zeit bekommt man ein Gefühl für das Backen. Kümmere dich liebevoll um deine Starterkultur und erlebe, wie sie es dir mit vielen leckeren und herrlich duftenden Broten danken wird!

Bauernbrot

Für ein Brot

ca. 100 g Roggensauerteig (Vorteig)
100 g Roggenvollkornmehl
300 g Dinkel- oder Weizenmehl
ca. 350 ml Wasser
5–10 g Salz
noch etwas Mehl zur weiteren Bearbeitung

Zubereitung

Mehl und Wasser in einer großen Schüssel mit einem Löffel gut verrühren. Die Wassermenge ist im Prinzip den Mehlsorten und deren (Wasser-)Aufnahmefähigkeit anzupassen. Die Konsistenz sollte nicht zu flüssig sein, sondern eher feucht, weich und klebrig. Nun den Teig ca. 90–120 Minuten ruhen lassen. In dieser Phase bilden sich die wichtigen Glutenketten. Somit muss der Teig später weniger geknetet werden.

Nach dieser Ruhephase den Roggensauerteig (Vorteig) sowie das Salz dazugeben, gut vermischen und mit weiterem Mehl mehrfach im Kreis von außen nach innen falten. Dabei fühlt sich der Teig wunderbar weich an. Hierfür benötigt man möglicherweise noch etwas mehr Mehl, damit die Angelegenheit nicht zu klebrig ist.

Nun den Teig erneut kurz ruhen lassen und diesen in den nächsten 3–4 Stunden noch etwa drei- bis viermal nach diesem Muster behandeln (wie ein Stück Papier von allen 4 Seiten wiederholt von außen nach innen falten). Nach dem letzten Falten den Teig formen. Wir machen eine runde Form daraus und legen ihn mal mit der gefalteten Seite und mal mit der glatten Seite nach unten in einen gut bemehlten runden Gärkorb. Die untere Seite beim Hineinlegen in den Gärkorb ergibt

später die Oberseite des Brotes. Legt man den Teig mit der gefalteten Seite nach unten hinein, bricht der Teig beim Aufgehen und Backen unkontrolliert. Legt man diesen mit der glatten Seite nach unten in den Korb, kann man verschiedene Muster mit einem scharfen Messer oder einer Rasierklinge in die Oberfläche hineinschneiden/-ritzen, bevor man den Teig in den Ofen schiebt. Hier kann man sich austoben und wahre Kunstwerke kreieren. Probiert es aus!
Anschließend den Gärkorb luftdicht mit Frischhaltefolie umhüllen und für 10–12 Stunden im Kühlschrank gehen lassen. Indem man diesen letzten Gärprozess in den Kühlschrank verlegt, kann genauer vorhergesagt werden, wie stark sich der Vorgang verlangsamt. Bei Raumtemperatur und zu den verschiedenen Jahreszeiten ist das wesentlich schwieriger. Letztlich ist es unmöglich, genau vorherzusagen, wann ein Teig fertig aufgegangen ist. Das ist das Spannende beim Sauerteig und ihr seid gezwungen, ein Gefühl für den Teig zu entwickeln.

Tipp

Probiert ruhig verschiedene Mehlsorten aus. Wir verändern ständig das Verhältnis. Mal ist es mehr Dinkel, mal mehr Vollkorn, mal etwas mehr Weizenmehl, Maismehl oder etwas Dinkelgrieß. Fühlt euch frei beim Ausprobieren. Evtl. mögt ihr es auch, mit Würzzutaten verschiedene Geschmacksrichtungen zu kreieren. Manchmal nehmen wir auch Walnüsse oder Cashews, die wir nach der ersten Ruhezeit dem Teig hinzufügen.
Falls euch die Aktion mit der Auflaufform für den Dampf zu aufwendig ist, kippt ihr einfach noch 30–50 ml Wasser in den Ofen unter das Backblech, nachdem ihr das Brot in den Ofen geschoben habt, und schließt ganz schnell die Ofentür. Der Dampf ist u.a. für die herrliche Kruste verantwortlich.
Die Backzeit variiert natürlich je nach Backofen und danach, wie dunkel ihr die Kruste mögt. Gebt dem Teig beim Gehen auch gerne mehr Zeit. Teigführungen von bis zu 50 Stunden sind keine Seltenheit. In der Zwischenzeit sollte man den Teig (alle 8–10 Stunden) dehnen und falten. Probiert euch aus, denn Übung macht den Meister.

Nach dieser letzten Gärzeit hat sich der Teig im Gärkorb vermutlich verdoppelt. Jetzt ist es Zeit, ihn aus dem Kühlschrank zu holen, damit er allmählich Raumtemperatur annimmt. In der Zwischenzeit den Ofen auf 250 Grad Ober- und Unterhitze vorheizen und das Backblech auf der untersten Schiene im Ofen belassen.

Exkurs Dampf

Nicht jeder Backofen besitzt eine Dampffunktion. Auch unserer nicht. Um trotzdem schönen Dampf während des Backens zu erzeugen, stellen wir eine Auflaufform, die zur Hälfte mit Wasser gefüllt ist, unter das Backblech direkt auf den Ofenboden. Falls das nicht geht, wechselt ihr mit dem Backblech auf die vorletzte Schiene. Nach ca. 30 Minuten sollte der Ofen vorgeheizt sein und das Wasser in der Auflaufform kochen. Die Auflaufform vorsichtig herausholen, 2–3 Geschirrtücher jeweils falten, rollen, unter dem Wasserhahn nass machen und in die Auflaufform legen. Diese dann wieder in den Ofen auf den Boden stellen.

Nun den Brotteig aus dem Gärkorb auf ein mit Backpapier belegtes Brett stürzen. Noch etwas Mehl auf die Oberseite sieben und wenn ihr mögt, könnt ihr jetzt schöne Muster, z.B. eine Ähre oder einfach nur einen tiefen Schlitz – damit der Teig schön aufgehen und sich entfalten kann – hineinritzen.

Jetzt ist es soweit und man kann das Backpapier mit dem Brot vom Brett auf das Backblech ziehen. Nach 20 Minuten den Backofen auf 200 Grad herunterdrehen und die Auflaufform mit dem Wasser vorsichtig herausholen. Falls sich euer Backblech auf der vorletzten Schiene befindet, wechselt ihr jetzt auf die unterste Schiene und belasst das Brot noch ca. weitere 20 Minuten im Backofen. Wenn ihr es dunkler mögt, könnt ihr es selbst danach noch wenige Minuten länger backen. Es sollte fertig sein, wenn ihr auf die Unterseite des Brotes klopft und es sich hohl anhört.

Dinkel-Walnuss-Brot

Für ein Brot

500 g Dinkelmehl
ca. 375 ml Wasser
5–8 g Salz
max. ¼ Block frische Hefe
(1 Block Hefe wiegt in D 42 g)
1 EL Honig
150 g Walnüsse

Grundsätzlich lässt sich immer eine Art Vorteig herstellen, der über Nacht im Kühlschrank gehen darf. Mit diesem Vorteig wird am nächsten Tag der eigentliche Brotteig angemischt. Dieser sollte noch einmal für 24 Stunden im Kühlschrank gehen. Je länger der Teig gehen darf, desto weniger Hefe benötigt ihr. Teilweise genügen bereits nur 1–4 g frische Hefe.

Zubereitung

Die Hefe mit handwarmem Wasser und 80 g Mehl in einer Schüssel gut vermischen, bis ein homogener Teig entsteht. Diesen in einer größeren Schüssel (mit Deckel) bis zum nächsten Morgen in den Kühlschrank stellen. Am nächsten Morgen dann diesen Vorteig mit den anderen Zutaten vermischen, bis erneut ein homogener Teig entstanden ist. Den Teig nun wieder in eine Schüssel geben und im Kühlschrank für die nächsten 24 Stunden gehen lassen. Hierbei den Teig alle 8 Stunden (nachmittags und noch einmal abends vor dem Zubettgehen) einige Male falten. Am Morgen des dritten Tages dann den Teig ein letztes Mal dehnen und falten und in einen gut bemehlten Gärkorb geben, um ihn hier eine letzte Stunde bei Zimmertemperatur gehenzulassen. In der Zwischenzeit den Backofen auf 250 Grad Ober- und Unterhitze vorheizen und das Backblech auf der untersten Schiene im Ofen belassen. Nach der letzten Stunde Gärzeit, das Brot vorsichtig aus dem Gärkorb stürzen (auf ein bemehltes oder mit Backpapier ausgelegtes Brett) und anschließend auf das heiße Backblech schieben. Nun entweder 50 ml Wasser auf den Ofenboden schütten und die Ofentür schnell wieder schließen oder den »Exkurs Dampf« im vorherigen Kapitel beachten. Nach 15 Minuten könnt ihr den Ofen auf 200 Grad herunterregulieren und das Brot noch 25–35 Minuten fertig backen.

Tipp

Dieses Brot lässt sich natürlich auch mit Sauerteig anstatt Hefe anmischen und backen. Hierfür bitte S. 206 und 211 beachten.

Dinkel-Nuss-Trockenfrüchte-Brot

Für ein Brot

500 g Dinkelmehl
ca. 375 ml Wasser
5–8 g Salz
max. ¼ Würfel frische Hefe
10–15 Cashews
10 Walnüsse
3–4 getrocknete Feigen
5–6 Datteln
4–5 getrocknete Aprikosen oder Pflaumen

Zubereitung

Siehe S. 219.

Selbstverständlich könnt ihr auch für dieses Rezept euren Sauerteig benutzen und die Hefe weglassen. Dann bitte die Seiten 206 sowie 211 beachten.

Tipp

Die Wassermenge differiert immer etwas je nach Mehlsorten. Es kommt darauf an, wie fein (oder grob) ein Mehl gemahlen ist oder ob es sich um ein Vollkornmehl handelt. Mit der Zeit entwickelt ihr ein Gefühl dafür, wie sich der Teig anfühlen wird bzw. wie er aussehen muss ... Wir benutzen ungefähr ¾ so viel Wasser (in g) als Mehl, +/ -. Ebenfalls könnt ihr eurem Brot auch jederzeit eine andere Form verleihen und es in einem länglichen Gärkorb gehen lassen. Neuerdings benutze ich bei einigen Broten gar keinen Gärkorb mehr, sondern dehne und falte den Teig ein letztes Mal, sobald ich ihn aus dem Kühlschrank genommen habe und gebe ihm mit leicht feuchten Händen seine finale Form, bevor ich ihn unmittelbar danach zum Backen in den Ofen gebe. Die allerwichtigste Zutat jedoch ist und bleibt ZEIT ...

Dinkelbrötchen mit Sonnenblumenkernen und Haferflocken

Für ca. 8–12 Brötchen

400 g Dinkelmehl
ca. 300 ml Wasser
5–8 g Salz
max. ¼ Würfel frische Hefe
1–2 EL Sonnenblumen
2 EL Haferflocken

Zubereitung

Die Hefe mit handwarmem Wasser und 80 g Mehl in einer Schüssel gut vermischen, bis ein homogener Teig entsteht. Dieses Hefe-Wasser-Mehl-Gemisch 20 Minuten gehenlassen. Anschließend das restliche Mehl, das Salz und ausreichend Wasser hinzufügen und alles gut vermischen. Den Teig nun in einen großen Behälter (mit Deckel) geben und im Kühlschrank bis zum nächsten Morgen gehenlassen.

Am Frühstücksmorgen nun den Teig aus dem Behälter auf ein gut bemehltes Brett geben, einige Male von allen Seiten zur Mitte hin falten, in 8–10 Würfel aufteilen und ca. eine halbe Stunde bei Zimmertemperatur gehenlassen. Der Teig sollte sich sehr klebrig anfühlen. Mit angefeuch-

Tipp

Auch Brötchen können jederzeit aus Sauerteig zubereitet werden. Hierfür einfach die Seiten 206 und 211 anwenden. Um eine Art Fitnessbrötchen zu backen, könnt ihr gerne eine mittelgroße Karotte als Zutat bei der Herstellung des Brötchenteigs grob dazu reiben.

teten Händen die Teigwürfel in ovale, flache Teiglinge formen und in der Sonnenblumenkernen-Haferflocken-Mischung vorsichtig rück- und vorderseitig wälzen. Danach auf ein Brett mit ausgelegtem Backpapier verteilen und dieses auf das Backblech im Backofen ziehen. Der Ofen sollte bereits bei 250 Grad Ober- und Unterhitze aufgeheizt sein. Das Blech befindet sich auf der untersten Schiene (je nach Backofen auch auf der vorletzten Schiene) im Ofen. Nach 5–8 Minuten die Temperatur auf 200 Grad herunterdrehen und die Brötchen noch weitere 10–15 Minuten fertig backen.

Fertig sind die Frühstücksbrötchen!

Rezeptregister

VORSPEISEN

SALATE

FLEISCHGERICHTE

FISCH

VEGETARISCHE/VEGANE GERICHTE

EINTÖPFE/SUPPEN

AUFSTRICH

MARMELADEN/KONFITÜREN

BACKWAREN/KUCHEN/KAFFEEBEGLEITER

Dank

Unser Dank gilt in erster Linie unseren Familien.

Emmanouil und Verica Petrakis, die ihre jahrzehntelange Erfahrung in der Gastronomie stets mit uns geteilt haben und uns für viele der griechischen, serbischen und auch deutschen Gerichte mit Rat und Tat zur Seite standen. Leider ist Verica viel zu früh von uns gegangen, als dass wir noch mehr von ihrem umfangreichen Wissen hätten mit euch teilen können. Danke!

Tadeusz und Bogumiła Gajęccy, die uns mit ihrem breiten Wissen über die polnische Küche, die Kunst des Einmachens und vielen hilfreichen Tipps immer unterstützt haben, ob am Telefon oder bei unserem alljährlichen Besuch in Ewas Heimat. Dziękujemy bardzo!

Anna, Nina und Sylwester Góra, Julia Petraki und Christoph Doering. Sie waren von Anfang an von der Idee begeistert und bestärkten uns in unserem Tun. Danke für Christophs Geduld bei unserem Fotoshooting auf dem Wochenmarkt und für das Cover.

Justyna Gołębiowska, Patrick und Jacqueline Heemskerk, für die vielen schönen Bilder, ihre Zeit, Geduld und Improvisation bei der Suche nach passenden Foto-Locations.

Unseren Freunden, die von Anfang an oder auch erst nach Wochen oder Monaten des Schreibens, Kochens und Fotografierens in unser Werk eingeweiht wurden. Sie alle unterstützten uns in der Idee und Verwirklichung.

Matthias Slunitschek, der uns von Anfang an begleitet, dieses Werk ermöglicht und an uns geglaubt hat.

Danke auch an ***Ulrike Sander und Sandra Werner,*** die ebenfalls von der Idee begeistert waren und Ewa stets motiviert und darin bestärkt haben.

Ebenso gilt unser Dank ***Heinrich Riethmüller,*** der an das Projekt geglaubt und jetzt endlich ein original Tzatziki-Rezept zum Ausprobieren hat.